Kurt Albrecht

**Ausbildungshilfen
für Pferd
und Reiter**

Kurt Albrecht

# Ausbildungshilfen für Pferd und Reiter

Psychologie, Pädagogik
und Didaktik
im Dienste der Ausbildung
von Pferd und Reiter

CIP-Titelaufnahme der Deutschen Bibliothek
**Albrecht, Kurt:**
Ausbildungshilfen für Pferd und Reiter:
Psychologie, Pädagogik und Didaktik im Dienste
der Ausbildung von Pferd und Reiter /
Kurt Albrecht. –
München; Wien; Zürich: BLV, 1990
  ISBN 3-405-14036-6

BLV Verlagsgesellschaft mbH
München Wien Zürich
8000 München 40

© 1990 BLV Verlagsgesellschaft mbH, München

Das Werk einschließlich aller seiner Teile ist
urheberrechtlich geschützt. Jede Verwertung
außerhalb der engen Grenzen des Urheber-
rechtsgesetzes ist ohne Zustimmung des Ver-
lags unzulässig und strafbar. Das gilt insbesondere für Vervielfältigungen, Übersetzungen,
Mikroverfilmungen und die Einspeicherung
und Verarbeitung in elektronischen Systemen.

Umschlaggestaltung: Grafik Design Krön, München
Umschlagfotos: Horstmüller, Düsseldorf

Gesamtherstellung:
Friedrich Pustet, Regensburg

Printed in Germany · ISBN 3-405-14036-6

# Inhalt

Vorwort — 6

Pädagogisch-didaktische Grundsätze
für die Ausbildung des Reiters — 11

Der Sitz des Reiters — 18

Die reiterliche Einwirkung — 25

Die psychologische Komponente in der
praktischen Ausbildung des Pferdes — 33

Die Grundausbildung des Pferdes — 37

Die »höhere Campagneschule«
als Basis für die Hohe Schule — 51

Die Arbeit an der Hand — 65

Die Spezialdressur im Grand Prix
de Dressage – Die Hohe Schule — 73

Didaktik – »Marschgepäck« des Reitlehrers — 90

Korrektur fehlerhafter Hilfengebung
und Korrektur verrittener Pferde — 93

Nachsatz des Verfassers ... — 106

Anhang — 107

# Vorwort

Bewußt wird das Vorwort mit der Antwort auf die häufig gestellte Frage eingeleitet, warum auf die Untermalung des Textes mit Abbildungen verzichtet wird: Ebensowenig wie die in der Praxis immer wieder gehandhabte Methode Erfolg bringt, den Schüler bei Nichtgelingen einer verlangten Übung absitzen zu lassen, um ihm durch den Lehrer die Machbarkeit des Verlangten zu demonstrieren, ebensowenig kann das Betrachten eines Bildes die gründliche Beschäftigung mit dem Text ersetzen. Weder der Lehrer, dem die Kunst der Weitergabe des eigenen Wissens fehlt, noch derjenige, der glaubt, mit einer Bildbetrachtung das Auslangen zu finden, werden mit ihren untauglichen Versuchen einen Schritt vorwärts kommen. Totes Material läßt sich in eine Schablone pressen, das Individuum Pferd jedoch verlangt den »denkenden Menschen«, der imstande ist, die Theorie der gegebenen Praxis anzupassen. Wäre es anders, müßte man von »Reithandwerk« und dürfte nicht von »Reitkunst« sprechen.

Der Weg, sich anhand des Textes immer wieder selbst ein Bild zu erstellen, ist sicher ein sehr schwieriger. Aber die Genugtuung, auf diesem Weg den Gipfel erreicht zu haben, steht für den kreativen Menschen in keinem Verhältnis zu jener, die nach einer bequemen Seilbahnfahrt empfunden wird.

Zum Inhalt dieses Wegbegleiters sei gesagt, daß er sich hauptsächlich mit der Psychologie, Pädagogik und Didaktik im Dienste der Ausbildung von Reiter und Pferd befaßt: Es sind dies die Faktoren, die den Menschen mehr unbewußt als bewußt von Kindheit an begleiten und einen überragenden Einfluß auf den Erwerb eigenen Wissens und Könnens und in weiterer Folge auf den Erfolg bei der Weitergabe solchen Wissens an andere haben.

Ist diese Weitergabe schon schwierig bei Lebewesen, mit denen man sich sprachlich verständigen kann, also bei seinen Mitmenschen, wird es noch bedeutend schwieriger, wenn das Mittel der gleichen »Sprache« nicht zur Verfügung steht, sondern man besonderer Verständigungsmittel in Form von physischen und psychischen Einwirkungen bedarf. Jahrtausende hindurch hat der Mensch nach Wegen gesucht, für das Lebewesen PFERD jene Verständigungsmöglichkeit zu finden, die ihm eine gewisse Macht über das an Stärke weit überlegene Tier einräumen konnte.

Man war bei dieser Suche einen großen Schritt weitergekommen, als man begann, sich dabei nicht ausschließlich physischer, sondern auch psychischer Praktiken zu bedienen. Dies verlangte vom Menschen aber ebenfalls das Ausschöpfen seiner eigenen geistigen Potenz.

Wer aber berufen war, anderen Menschen das selbst erworbene Wissen und Können weiterzugeben, mußte zusätzlich mit Eigenschaften und Fähigkeiten ausgestattet sein, die ihm das ermöglichen. Nicht jeder der sich dazu berufen Fühlenden verfügt im wünschenswerten Maße darüber. Der »begnadete Lehrer« war und wird immer eine Seltenheit bleiben.

Manche Lücken können bei einem ehrlichen Eingeständnis ohne weiteres geschlossen werden. Freilich nur dann, wenn er sich nicht einfach mit dem Steckenbleiben in der Mittelmäßigkeit abfindet, sondern ein darüber liegendes Ziel zumindest anstrebt.

Immer noch ist die geistige Auseinandersetzung mit Zielen und Wegen die beste und wertvollste Voraussetzung dafür. Man wird nicht in jeder solcherart erhaltenen Anregung eine neue »Lehre«, sondern in erster Linie eine Anreicherung des bereits vorhandenen Wissensschatzes sehen dürfen. Diesem Ziel sollte auch diese Schrift dienen.

Aber noch einer anderen Gruppe der Reiterfamilie sollte damit gedient werden: Jenen nämlich, denen kein ständiger Lehrer zur Verfügung steht, sondern die bei ihrer eigenen und der Ausbildung ihres Pferdes auf eigenes Wissen und Können angewiesen sind. Ganz ohne Überprüfung wird sicher auch der strebsamste und gewissenhafteste Autodidakt nicht auskommen. Nicht selten aber kann ihm eine gründliche theoretische Auseinandersetzung und die ihr folgende schrittweise Umsetzung in die Praxis wertvollere Hilfe sein, als dies ein schlechter Lehrer sein könnte. Ohne Zweifel darf es als große menschliche Leistung angesehen werden, wenn man Lehrer und Schüler in einer Person sein muß.

Jede Weitergabe setzt ein Sich-verständigen-können mit dem Empfänger voraus. Diese Befähigung wird man aber kaum ohne Rückgriff auf die uns dafür zur Verfügung stehenden Anleitungen und Ratschläge erlangen können, wie sie in der umfangreichen, aus den verschiedensten Jahrhunderten stammenden Reitliteratur zusammengefaßt sind. Ein solcher Rückgriff wird allein schon deshalb zur Faszination, weil jedes Werk, ob es nun vor zweitausend Jahren oder in allerjüngster Vergangenheit geschrieben wurde, sich mit einem Lebewesen befaßt, das sich auf dem langen gemeinsam zurückgelegten Weg so gut wie nicht verändert hat und sein Einsatz nach gleichen, nur von der Mentalität des Menschen abhängigen Regeln und Gesetzen erfolgt.

Nun ist gerade der Mensch von heute gar nicht bereit, sich dieses Erbes in vollem Umfang zu bedienen, sondern versucht in seinem reiterlichen Alltag mit den in die Praxis umgesetzten Fragmenten auszukommen, ohne zu bedenken, daß er damit einen der letzten noch verbliebenen Fäden, die seine Vorfahren einst in überreichem Maße mit der Natur verbunden haben, durchtrennt.

Zweifellos war es immer nur ein kleiner Kreis, der sich den gesamten Umfang des zusammengetragenen Wissens für sich oder bei der Weitergabe zunutze gemacht hat. Dies gilt ebenso für die Gegenwart wie für die Zukunft. Dieser Kreis aber war wichtigster Impulsgeber, und die Tatsache, daß heute die gesamte Reiterei ausschließlich auf dem Boden der Freiwilligkeit steht und von jeglichem »Zwang« befreit ist, könnte vielleicht doch einmal vermehrt den Wunsch aufkommen lassen, auch zu diesem Kreis gehören zu wollen.

Oft bedarf es dazu nur eines geeigneten Anstoßes. Dort, wo man dies heute noch nicht immer von den eigentlich dazu berufenen Lehrern erwarten kann, werden es Werke der Reitliteratur sein müssen. Wenn letztere aber mit einer vielleicht allzu wissenschaftlich-tiefschürfenden Fülle den Suchenden überfallen, können sie abschreckende Wirkung haben.

Sie können diese wichtige Aufgabe also nur dann erfüllen, wenn die darin enthaltenen Aussagen ohne große Umschweife den »Kern« treffen. Eine Literatur, die in der »gutgemeinten Absicht«, dem Leser das Herantasten an die Materie zu erleichtern, diese in oberflächlicher, nicht zu »echtem Denken« anregender Art vermittelt, erfüllt diese Aufgabe nicht. Sie ist mit einem »Ausbildungsgehilfen« vergleichbar, der in gutem (!) Glauben, eine richtige Saat zu legen, dem Anfänger mit übernommenen »Gemeinplätzen« in die Reiterei einzuführen versucht.

Der Umfang jener Gesetze und Regeln, die wegen ihrer unveränderlichen Gültigkeit den Reiter von seiner ersten Stunde bis hinauf in die höchsten Höhen begleiten sollten, ist nicht groß. Was ihn in den Augen vieler so gewaltig macht, sind die mannigfachen Auslegungs- und Anwendungsformen. Auf sie stößt man aber noch früh genug, vorerst geht es um die grundlegenden Gesetze, wie sie im Sitz und den Einwirkungen des Reiters und in den daraus resultierenden psychischen und physischen Reaktionen des Pferdes beinhaltet sind. Wer sie mit ernsthaftem Willen möglichst früh sucht, oder wem das Glück widerfährt, sie in dieser Form vermittelt zu bekommen, wird sich viele Stunden des Umdenken- oder Umlernenmüssens ersparen.

Glücklicherweise wird die Zahl derer, die in ihrer eigenen reiterlichen Ausbildung, vor allem aber auch in der Ausbildung ihres Pferdes wiederum eine befriedigende, ja beglückende Aufgabe sehen, immer größer. Sie sind die eigentlichen Träger und Weitervererber des Reitlehrgutes.

Wie alles, was das Leben gestaltet, hat auch die Reitkunst im Laufe der Jahrtausende Wandlungen erfahren, und zwar nicht nur in erkennbaren äußeren Formen, sondern auch in der Einstellung zum künstlerischen Erlebnis im Sattel. Die Reitkunst von heute vollzieht sich in den wenigen noch bestehenden Instituten wie Spanische Reitschule, Cadre noir in Saumur, sowie einigen neu geschaffenen Instituten, vor allem aber als Bestandteil der Turnierveranstaltungen.

Schon Homer besingt in der ILIAS die Künste des Reitens, und seither hat kaum ein Schriftsteller, Dichter oder Philosoph unterlassen, von der Reitkunst zu sprechen. Die Bezeichnung »Reitsport« erscheint zeitbedingt im Zusammenhang mit dem allgemeinen Sportgeschehen, das zu einem Charakteristikum des 20. Jahrhunderts wurde.

Es wäre falsch, unter Reitkunst lediglich die Hohe Schule verstehen zu wollen, wie dies vielfach geschieht. Die Bezeichnung Reitkunst gilt für den Gesamtbegriff der Reiterei, sofern sich die Reitausübenden im Sinne dieser Reitkunst bestätigen. Die unterschiedlichen Schwierigkeitsgrade verlangen eine unterschiedliche Meisterschaft der Ausübenden. Die Vollendung, das wäre die vollkommene Übereinstimmung zwischen Reiter und Pferd, wird immer nur anzustrebendes Ziel bleiben können. Auch bereits ein regelgerechter Schritt, Trab oder Galopp verlangt bereits vom Reiter das der Reitkunst zuzuordnende Einfühlungsvermögen, und die als »Niedere Schule« bezeichnete Stufe darf daher nie mit einer mangelhaft gerittenen Hohen Schule verwechselt werden.

Wie tief der Reitschüler in das Gebiet der Reitkunst einzudringen vermag, wird genau wie in allen früheren Zeitepochen, auch heute vom Lehrer abhängen.

Man ist geneigt, von einem guten Reiter anzunehmen, daß er ohne weiteres in der Lage sein müßte, sein Können einem aufnahmebereiten Schüler zu vermitteln. Diese Annahme ist jedoch nicht immer richtig. *Sofern die reiterlichen Qualitäten nicht gleichzeitig in Übereinstimmung mit einem entsprechenden Lehrtalent bestehen, eignet sich dieser gute Reiter nicht zum Lehrer.* Umgekehrt wäre es zwar auch kein Idealfall, immerhin aber scheint es eher möglich, einen mit Lehrtalent begabten Reitlehrer erfolgreich wirken zu sehen, ohne daß diesem der Ruf eines hervorragenden Reiters vorausgehen müßte. Seunig bemerkt hierzu: »Es gibt Meister der Kunst, die wohl die Gabe besitzen, Richtiges vom Falschen zu unterscheiden, nicht aber die Gabe, diese Erkenntnis dem Schüler in kurzer, leichtfaßlicher Form zu vermitteln. Solche taugen nicht zum Reitlehrer!«

Die unabdingbare Eigenschaft, die dem Reitlehrer gegeben sein müßte, ist die Begabung für Pädagogik und Didaktik, also die Lehrbefähigung. Pädagogik ist die Erziehungskunde, Didaktik die Kunst des Lehrens, die Unterrichtskunde. Gilt dies ganz allgemein für jede Art der Lehrtätigkeit, so insbesondere für die eines Reitlehrers. Zwar trägt das visuell erfaßte reiterliche Beispiel gute Frucht und erleichtert den Fortschritt, doch nur für diejenigen, deren Fassungsvermögen durch eine entsprechende theoretische Grundlage vorbereitet wurde. Das Gesehene kann sonst nicht wirksam verarbeitet werden. Am Anfang steht somit das theoretische Wissen, das bei einer reiterlichen Ausbildung im Sinne der Kunst nicht durch praktische Erfahrung allein ersetzt werden kann. Überhaupt kann kein Wissensbereich der theoretischen Grundlage entbehren, denn aus dieser erwächst das selbständige Denken, gefolgt von der Urteilsbildung.

Entsprechendes Wissen setzt den Denkprozeß in Bewegung und schafft erst die Voraussetzungen für das Reiten in höherem Sinn, also den »Denkenden Reiter«. Selbständiges folgerichtiges Denken ist für die Ausübung ebenso wichtig, wie es zum Bestreben aller Wissensbereiche gehört, sich in diesem richtigen Denken zu betätigen.

Theorie und Praxis sind nicht voneinander zu trennen, man muß beiden gleiches Gewicht geben. Leider ist in den letzten Jahren eine bedauerliche Vernachlässigung des theoretischen Wissens festzustellen, und die Oberflächlichkeit nimmt in unerfreulichem Maße zu. Die Erfahrung lehrt und bestätigt es immer wieder, daß der Mangel an theoretischem Wissen das praktische Können benachteiligt, den Fortschritt hemmt und nur Halbheiten erzeugt.

Ist der »Denkende Reiter« eine grundsätzliche Voraussetzung, so erscheint das »Sehen« im einzelnen und in der Gesamtbetrachtung als eine weitere wichtige Voraussetzung für die Ausübung der Reitkunst. Die normal vorhandene Sehkraft bzw. Sehfähigkeit allein genügt allerdings nicht, um Vergleiche im Bereich der Reitkunst anzustellen. Hier muß das »sehende Auge« das Richtige vom Falschen, das Scheinbare vom Echten unterscheiden können.

Die Reiterstandbilder aller Zeiten sind besonders geeignet, das Auge des Reiters, Reitlehrers und Richters im Sehen und Vergleichen zu schulen.

Noch ein Drittes ist in der Reitkunst von maßgeblicher Bedeutung: Es ist das besondere Gefühl des Reiters zum Pferd, das Reitergefühl, das nur durch innigen reiterlichen Kontakt mit dem Pferd erworben werden kann.

Und hier ist es vor allem der gute Sitz, der den Reiter befähigt, alle Bewegungen des Pferdekörpers primär zu erfühlen und gewissermaßen zum Pferd in psychologischen Kontakt zu treten. Durch das Gesäß soll sich der Reiter darüber Rechenschaft ablegen, was unter ihm vorgeht.

Schließlich kommt auch dem Gehör eine gewisse Bedeutung zu. Reiter und Richter sollten in der Lage sein, Gangfehler des Pferdes auch auditiv zu erfassen, um beispielsweise den unreinen Viertakt im Galopp oder andererseits das ausdrucksvolle, kadenzierte, fast lautlose Treten des Pferdes im versammelten Trab festzustellen.

Auch das Musikgehör spielt eine nicht unbedeutende Rolle. Musikalische Reiter, auch wenn sie keine Ausübende dieser Kunst sind, können intuitiv die Übereinstimmung oder die Disharmonie mit dem Pferd empfinden. Auch Pferde sind öfter als man annehmen würde, musikalisch beeinflußbar, was sich manchmal bei Militärpferden zeigte, die sichtlich bestrebt waren, mit der Marschmusik den Takt zu halten.

Da also dem Sitz des Reiters eine ausgesprochene Schlüsselposition zukommt, muß jeder Verzicht auf seine gründliche Formung zum gravierendsten Nachteil auf dem Weg zum Reitkünstler werden.

# Pädagogisch-didaktische Grundsätze für die Ausbildung des Reiters

Die große Scheu vor Begriffen, mit denen man schlechthin »Theorie« verbindet, führt häufig dazu, daß man sich der schon längst getätigten Anwendung des Inhalts dieser Begriffe gar nicht mehr bewußt wird und letzteren völlig überflüssigerweise aus dem Wege geht.

Für den Schüler besitzt die »Pädagogik« keine eigene Substanz, sondern sie steigert oder vermindert nur die Aufnahmefähigkeit für den vermittelten Lehrstoff. Für den Lehrer dagegen bildet sie einen der wichtigsten Gradmesser seiner gesamten Lehrbefähigung. Er sollte sich daher sehr wohl mit den in ihr schlummernden Kräften auseinandersetzen. *Sicher nicht zu unrecht sagt man, daß die Fähigkeit eines Menschen, eigenes Wissensgut an einen anderen so heranzutragen, daß es diesem sozusagen »unter die Haut« geht, angeboren sein muß.* Diese Kraft zählt damit zu den wertvollen Anlagen eines Menschen, der sich, auf welchem Gebiet auch immer, einer solchen Aufgabe verschreibt. Fehlt sie ihm, wird es seiner Lehrmeinung wahrscheinlich immer etwas an Überzeugungskraft fehlen.

Dagegen können die in der »Psychologie« beheimateten Prinzipien und Grundsätze sehr wohl erarbeitet werden, wenn mit dem nötigen Ernst an diese Erarbeitung herangegangen wird. Laienhaft ausgedrückt kann man in ihr jene Wissenschaft sehen, die uns Kunde von der Wirkungsweise jener »Antriebsquellen« gibt, die den Motor aller Lebewesen nicht nur in Betrieb zu setzen, sondern auch zu steuern vermögen, und die entweder vorrangig in den geistigen Anlagen oder aber mehr in der Trieb- und Instinktwelt angesiedelt sein können. Ihre Beachtung ist gleichzeitig die wichtigste Grundlage jeglicher »Toleranz«. Nur wer die Berechtigung zum »Anderssein« anerkennt, wird auch die Kraft zur Toleranz diesem Anderssein gegenüber aufbringen.

Genaugenommen handelt es sich hier überhaupt nicht um eine Wissenschaft im üblichen Sinn, sondern dazu wurde sie erst von uns Menschen gemacht. Vielmehr ist eine sinnvolle Handhabung ihrer Grundsätze allen Lebewesen von Natur aus schon mitgegeben. Uns Menschen ist mit den höheren geistigen Anlagen auch noch zusätzlich die Möglichkeit eingeräumt worden, selbst zu bestimmen, welchen Gebrauch wir davon machen. Damit wurde dem Menschen aber eine Verantwortung aufgebürdet, die bei einigem Nachdenken als geradezu ungeheuerlich anzu-

sehen ist. Wird das ausschließlich oder doch weitgehend instinkt- oder triebgesteuerte Lebewesen ohne wesentliche subjektive Beeinflußung handeln müssen, wird dem mit den allerhöchsten Attributen eigener Geisteskapazität ausgestatteten Menschen ein beträchtliches Maß an Eigenverantwortung auferlegt. *Jede Entscheidung, die er zum Nachteil eines anderen Lebewesens trifft, ist eine selbstherrliche Entscheidung, für die ihm niemand die Verantwortung abnimmt.*
Auch im Zusammenleben mit dem Pferd hat der Mensch von je her die unterschiedlichsten Wege eingeschlagen. Zwar ist ihm heute, sofern er sich an die Regeln und Gesetze der FEI gebunden fühlt, durch deren Anerkennung eine feste Richtschnur für diesen Weg vorgegeben, doch wird die vom Individuum Mensch für sich in Anspruch genommene Selbstherrlichkeit niemals ein mehr oder weniger kräftiges Abweichen von diesem Weg verhindern können.

Nun weiß man aber längst, daß die Beachtung der Psyche des Pferdes nicht nur mit Vorteilen für dieses Tier verbunden ist, sondern in sehr hohem Maße auch dem Menschen Erfolg bringt. Dieses Wissen, das man den »Klassischen Prinzipien« zugrunde legt, weil es in kaum zu übertreffender Aussagekraft erstmals in den Schriften des großen griechischen Philosophen Xenophon niedergelegt wurde, wird trotz der für den Menschen damit verbundenen Vorteile viel zu sehr außer Acht gelassen. Das daraus abzuleitende Einfühlungsvermögen sollte daher nicht nur zur Standardausrüstung des Reitlehrers oder Ausbilders gehören, sondern sollte gleichzeitig eine wichtige Quintessenz des gesamten Lehrgutes darstellen.

Obwohl vieles von dem, was in diesem Kapitel zur Ausbildung des Reitschülers gesagt wird, in gleichem Maße für die Ausbildung des Pferdes oder die »Symbiose« gilt, soll es diesem Kapitel vorangestellt werden.

*Lehrer zu sein, bedeutet fast immer und auf allen Gebieten, die eigene Ausbildung so weit abgeschlossen zu haben, daß man dem Schüler nicht nur »Nachhilfeunterricht« geben kann, sondern mit ruhigem Gewissen dessen Ausbildung von der Basis bis zur höchsten Stufe durchzuführen vermag.* Diese Forderung muß immer oberstes Gebot bleiben, auch wenn die Umstände Abstriche von dieser Forderung gestatten, ja sogar häufig zwingend notwendig machen. So wird sich auch der Aufbau der Ausbildung jener, die sich neben ihrem Beruf der Reiterei als »lehrende Persönlichkeiten« zur Verfügung stellen, anders gestalten müssen als der für »Berufslehrkräfte« gültige und sinnvolle.

Gerade weil das Betätigungsfeld des »Amateurlehrers« die Ausbildung des Reitschülers sein wird, muß diesem Kapitel auch in dessen eigener Ausbildung ein besonderer Rang eingeräumt werden. Trotz der Verringerung des Gesamtpferdebestandes ist die Zahl derer, die von der Fähigkeit eines guten Lehrers profitieren wollen, größer geworden. Sie alle auf Dauer mit mittelmäßigem Wissensgut abzuspeisen, hieße bewußt auf das wertvolle Erbe verzichten und dieser Mittelmäßigkeit die Zukunft zu überlassen.

*Selbstverständlich wird niemand, der sich als Lehrer oder Ausbilder auf diesem Gebiet betätigen möchte, ohne eigenes praktisches Können auskommen.* Wird dieses bei der Ausbildung eines Reitschülers vielleicht keine so gravierende Rolle spielen, bildet es für die beiden anderen Aufgabengebiete eine zwingende Voraussetzung. *Dieser »mechanische Teil« der eigenen Ausbildung sollte aber entweder in die Eleven- oder Lehrlingsperiode fallen oder beim »Amateur« soweit abgeschlossen sein, daß man daraus auch gewisse Schlüsse auf die Eignung für diesen Beruf bzw. diese Aufgabe ziehen kann.* Die diesem Praktikum folgenden Abschnitte sollten dann in erster Linie der Formung der »Lehrer-Qualitäten« dienen. Wenn man bis zur letzten Phase sich immer noch um das eigene reiterliche Können bemühen muß, wird man nicht imstande sein, dieses bei der gezielten Weitergabe des theoretischen Begleittextes als wertvolles Polster bereit zu haben.

Wenn hier von »weitgehend abgeschlossener Reitausbildung« gesprochen wird, so ist damit gemeint, *daß ein fertig ausgebildetes Pferd korrekt nachgeritten werden kann und die wichtigsten Grundsätze für die Ausbildung eines Pferdes in den einzelnen Stufen beherrscht werden.*

Daß es in der Reiterei mit jedem neuen Pferd neue Fragen zu beantworten gibt und selbst größte Experten manches Mal mit ihrem Einmaleins am Ende sein können, ist bekannt. Daher wird es niemals eine »abstrakt abgeschlossene Reitausbildung« geben, sondern man lernt bis zur letzten Reitstunde ununterbrochen dazu. Und das ist das wahrhaft Beglückende an dieser Kunst!

Die Heranbildung eines guten Reitlehrernachwuchses kann daher mit der Errichtung eines Hauses verglichen werden: Das mitgebrachte theoretische Wissen und praktische Können muß zusammen mit den verlangten Persönlichkeitswerten die stabile Grundfestung bilden. Sie muß vorhanden sein, bevor man die Wände aufrichtet und das Dach aufsetzt, was einer für die Weitergabe geeigneten Anreicherung des Stoffes gleichzusetzen ist. Schließlich muß dieser Rohbau durch eine gediegene Inneneinrichtung jenen Wohncharakter erhalten, der den Besucher mit jener Atmosphäre umgibt, die ihm den Besuch zum angenehmen Erlebnis werden läßt. Letzteres haben die psychologisch-pädagogischen Elemente zu bewerkstelligen. Empfängt man aber schon Besucher, wie dies oft der Fall ist, noch bevor der Außenputz seinen letzten Glanz erhalten hat oder noch andere schmückende Details fehlen, ist umso wichtiger, daß die gute Atmosphäre dies ausgleicht...

Sehr oft entscheiden schon die ersten Worte und Anleitungen über Sympathie oder Antipathie, über Vertrauen und Begeisterung oder Mißtrauen und Ablehnung. Somit gehören die psychologisch-pädagogischen Elemente nicht nur zum wichtigsten Handgepäck jedes Lehrers oder Ausbilders, sondern sie müssen vom ersten Moment an seinen Einsatz prägen.

Jedes Weitergeben eigenen Wissens erfordert ein psychologisches Einfühlungsvermögen. *Der vorgetragene Lehrstoff muß nämlich nicht nur richtig sein, sondern er muß auch als richtig empfunden werden.* Erst dies bildet die Gewähr dafür, daß er vom Schüler nicht rein oberflächlich aufgenommen wird, sondern zur notwendigen geistigen Mitarbeit anregt.

Wir haben es heute mit Reitschülern zu tun, die sehr wohl Gesagtes auch geistig zerpflücken und auf seine Glaubwürdigkeit überprüfen können. Wenn dies auch nicht immer und in jedem Fall möglich sein wird, so genügen bereits Zweifel, um das Ansehen des Lehrers »anzukratzen«.

*Jeder Lehrer wird bei der Weitergabe theoretischen Lehrguts ganz natürlich auf das im Zuge der eigenen Ausbildung Erworbene zurückgreifen und wird sich dabei auch des Wortschatzes seiner eigenen Lehrer bedienen. Verzichtet man aber gänzlich darauf, die Materie auch mit eigener Überzeugungskraft anzureichern, wird dies häufig vom Schüler sehr rasch erkannt.*

*Zur wichtigsten Aufgabe solch praxisbezogener Theoriestunden gehört das Heranführen des Reitschülers an das auch mit kleineren Fortschritten verbundene »glückhafte Empfinden«.*

*Unsere Reiterei krankt nicht zuletzt daran, daß für viele die »Ausbildung« keine befriedigenden Elemente mehr beinhaltet, sondern nur noch Belastung darstellt.* Die bescheidenste Turnierschleife hat für viele einen höheren Stellenwert als das beglückende Gefühl, in der Reitstunde der Übereinstimmung einen Schritt näher gekommen zu sein.

*Jede Basisarbeit in Vereinen oder Reitställen muß zur Erfolglosigkeit verurteilt sein, wenn es nicht wieder gelingt, den jungen Reiter auf den Weg zu führen, auf dem er die Schönheit der ehrlichen Arbeit mit einem Pferd zu entdecken vermag.* Es konnte häufig die Erfahrung gemacht werden, daß bei vielen »Neuankömmlingen« zwar diese Sehnsucht insgeheim vorhanden ist, ihnen aber niemand hilft, diese Wünsche zu verwirklichen. Und so reihen sie sich dann notgedrungen in die Gruppe der »Abgestumpften« ein oder verlassen überhaupt wieder die Reiterei.

*Zu den psychologisch besonders wertvollen Fähigkeiten des Lehrers gehört daher, die Ziele so zu stecken, daß sie erstrebenswert, aber gleichzeitig auch erreichbar sind.* Wird eine der beiden Forderungen nicht erfüllt, führt dies sehr bald zum Erlahmen des Elans, weil eben nur in der Erfüllung echte Befriedigung liegt.

Man begegnet immer wieder Fällen, in denen sich ein Reitlehrer unnötigerweise selbst um die ihm gebührende Anerkennung bringt, nur weil er dem Schüler unerreichbare Ziele setzt oder für ihn wichtige Etappenziele nicht ins richtige Licht rückt. Freilich gehört oft eine Portion Mut und Durchstehvermögen dazu, den »Höhenflug« eines Schülers auf ein solches wichtiges Etappenziel zu lenken, ohne seinen Gesamtelan zu bremsen.

*Einer so schwierigen Forderung wird meist nur ein Lehrer gerecht werden können, der in seinem Beruf Erfüllung findet und bei dem sich diese Erfüllung auch in einem reichen fachlichen Wissen schließlich zu Buche schlägt.*

Selbst die kleinste Geste mangelnden Ernstes macht ihn oft schon in den Augen des Schülers unglaubwürdig und läßt in diesem Mißtrauen aufkommen. Das gleiche gilt für Oberflächlichkeit, besonders wenn sie auf mangelhaftem Wissen beruht – und als solche durchschaut wird.

*Man kann Ansehen und Stellung des Reitlehrers niemals von »Amts wegen« erzwingen, sondern dazu muß dieser Stand selbst kräftig dabei mitwirken. Der sicherste Weg zu diesem Ziel führt über den »überzeugten Schüler«. Fehlt dem Lehrer und seinen Lehren diese Überzeugungskraft, fehlt damit der Person die wünschenswerte Ausstrahlung und den Lehren gleichzeitig die Fähigkeit, dem Ruf des Lehrers förderlich zu sein.*

*Wer den Beruf eines Reitlehrers ergreift oder sich auch nur »nebenberuflich« für diese Aufgabe zur Verfügung stellt, muß seinen Ehrgeiz darin sehen, nicht selbst als »Virtuose« brillieren zu wol-*

len, sondern möglichst viele seiner Schüler dazu zu machen. Selbst der begnadetste Künstler dient nur der Gegenwart, wenn ihm die Fähigkeit fehlt, sein Können weiterzugeben. Dem Schüler ist nicht damit gedient, wenn ihm vom Lehrer immer wieder die eigene Genialität präsentiert wird, er aber nicht imstande ist, ihn, den Schüler, über die »Tonleiter« herauszubringen.

Wir müssen uns im klaren darüber sein, daß die Zukunft der Reiterei nur auf jenen weitergebaut werden kann, die im Begriff »Reiten« mehr sehen, als nur von Pferden auf deren Rücken dahingetragen zu werden. *Ein echtes Vorwärtskommen in der Ausbildung des Schülers wird es aber nur geben können, wenn dessen eigenes Streben immer wieder angekurbelt werden kann. Dafür aber benötigt der Lehrer ein gewisses psychologisches Rüstzeug.*

Soll aber dem Reitlehrer die Psychologie und deren Gesetze als wertvolle Hilfsmittel bei seiner Aufgabe dienen können, muß er zunächst selbst einmal um ihr Wesen und ihre Bedeutung wissen.

Zu den bedeutendsten Gaben, über die der Mensch verfügt, zählt sein Geistesapparat – und die Fähigkeit, ihn entsprechend zu gebrauchen. Sein Gebrauch, der weitgehendst manipulierbar ist, bestimmt in sehr wesentlichem Maße sein gesamtes Leben, bestimmt seinen Berufsalltag und seine Einstellung zu allen Dingen, die diesen entweder umgeben oder ergänzen.

*Alle Formen und Regeln, die von diesem Geistesapparat ausgehen, hat der Mensch im Begriff Psychologie zusammengefaßt, um sie gleichzeitig wieder in Hunderte von Detailgebiete zu unterteilen. Sie umfaßt, einfach ausgedrückt, sowohl die Frage nach dem »Warum« und ebenso die von der Beantwortung dieser Frage inspirierten auslösenden Tatmomente.*

Die Lebewesen auf dieser Erde besitzen in sehr unterschiedlichem Maße die Fähigkeit, eine Beziehung zwischen Frage und Antwort herzustellen. Der Mensch besitzt sie jedenfalls in einem Maße, das weit über einen trieb- oder instinktgesteuerten Lebensablauf hinausreicht und ihm ein logisches Abwägen seines Handelns ermöglicht – ja eigentlich sogar vorschreibt.

*Aber ebenso wie die Psychologie das Leben jedes einzelnen beeinflußt, tut sie dies bei den Formen des Zusammenlebens, und zwar sowohl Gleichgearteter wie auch in ihrem Wesen völlig Verschiedener.* In letzterem Falle ist der Mensch als die »Krone der Schöpfung« unumstritten der Steuermann. Die Formen aber hängen sehr weitgehend von seiner Bereitschaft und seinem Willen ab, ob und wie er die ihm mitgegebenen geistigen Fähigkeiten verwendet.

Es gibt kein Gebiet, dessen Umfang, Tiefe oder Seichte der Mensch nicht durch den mehr oder weniger intensiven Einsatz seines Denkapparates mitzubestimmen vermöchte. Schlicht und einfach ausgedrückt: Jeder Erfolg oder Mißerfolg seiner Tätigkeit wird von diesem Einsatz beeinflußt. Und es ist manchmal unverständlich, daß er so wenig oder in so unverständlicher Form von dieser Fähigkeit Gebrauch macht.

Der 24-Stunden-Tag des Menschen setzt sich bekanntlich aus Tätigkeiten zusammen, die entweder seiner leiblichen Existenz oder als Ausgleich dazu, der Entspannung und Regeneration der verbrauchten Kräfte dienen. In der Regel weiß er, daß er für erstere Tätigkeit seinen Geistesapparat benötigt. Sehr oft aber ist er der Meinung, daß ein völliges Abschalten desselben die unbedingte Voraussetzung für die gewünschte Entspannung wäre. Dies trifft aber nur für solche »Tätigkeiten« zu, die im Sinne dieses Begriffes eigentlich gar keine mehr sind, wie z. B. die optimale Ruhigstellung von Geist und Körper im Schlaf. Handelt es sich aber um eine »aktive Handlung«, auch wenn sie der Entspannung dient, wird ihre Planung oder ihr Ablauf trotzdem eine Geistestätigkeit voraussetzen, soll dabei nicht ein Resultat herauskommen, das mehr einer Belastung (im geistigen Sinn) als einer Entspannung gleichkommt.

Das Einschalten des Denkapparates muß ja nicht unbedingt den Menschen belasten, sondern kann sehr wohl auch zur Vergrößerung seines Vergnügens dienen. Eine Voraussetzung dafür ist allerdings, daß er nicht grundsätzlich jede geistige Tätigkeit als Belastung empfindet, sondern sie zunächst einmal als etwas für die menschliche Psyche Positives ansieht (den naheliegendsten Beweis dafür bildet die Lektüre eines interessanten Buches!).

*Die beste Vermittlung reittheoretischen Wissensgutes erfolgt in der praktischen Reitstunde. Nie läßt sich die Wirkung eines guten Sitzes und die korrekte Verwendung von Hand und Schenkel glaubwürdiger demonstrieren. Es ist daher nur zu natürlich, daß sachlich-fachliche Zusammenhänge zwischen theoretischen Lehrsätzen und der Wirksamkeit ihrer Anwendung bei dieser Gelegenheit am erfolgreichsten dem Schüler nahegebracht werden können.*

Das bißchen angewandte Psychologie, das dabei benötigt wird, kann dabei völlig unbemerkt in das Vermittelte einfließen. Trotzdem aber soll sie von der ersten Stunde an beim Schüler die Freude am Mitdenken aktivieren und sie zum roten Faden für seine gesamte reiterliche Zukunft machen.

Erst dieser zunächst nur mit-denkende Reitschüler wird die Bedeutung und Wichtigkeit auch der kleinsten Erfolgsschritte erkennen und als positives Erlebnis einstufen können. *Viele der in der Reitkunst schlummernden Werte sind viel zu wenig augenfällig, um sogleich begeistern zu können. Sie für den Schüler sichtbar oder spürbar zu machen, zählt zu den wichtigen Aufgaben des Lehrers oder Ausbilders.* Dazu wird er aber überhaupt nur imstande sein, wenn er sich selbst zu diesen Werten bekennt.

*Dazu gehört z. B. ganz generell der Sinn und Zweck der Pferdeausbildung überhaupt. Das Bekenntnis zu deren Notwendigkeit gehört heute beileibe nicht zum Allgemeingut des reiterlichen Denkens. Die Produkte der meisten Reitpferdezuchten sind heute so ausgereift, daß sie geradezu zum Verzicht auf eine gediegene Ausbildung verleiten. Zu dem kommt, daß auch im Turniergeschehen nicht mehr der Symbiose von reiterlicher und Pferdeleistung der höchste Rang eingeräumt wird, sondern man sich schon mit der Leistung des »Materials«, sprich Pferd, zufrieden gibt.*

Auch Gehorsam und Rittigkeit sind zwei Begriffe, die noch bis vor wenigen Jahrzehnten der gesamten Ausbildung eines Pferdes ihren Stempel aufdrückten, heute aber nur noch wenig aussagende Ausdrücke aus der Reitersprache darstellen. Das fehlende Angewiesensein auf solche Qualitätsbegriffe läßt viele ganz einfach auf die mit der Erreichung eines solchen Ausbildungszieles verbundenen Arbeit verzichten, zumal es im Turniersport für die »Rittigkeit« ebenfalls keine eigene Note gibt und der »Gehorsam« in einem völlig anderem Licht gesehen und beurteilt wird.

*Auch hier wäre es wieder Aufgabe des Lehrers, diesen beiden Begriffen und deren Bedeutung den Wiedereintritt in das Reiterdenken zu verschaffen.* Es verlangt, den Unterschied zwischen Pferden mit und ohne dieses Qualitätszeugnis erkennen und dem Schüler dann als wichtige Attribute der Reitkunst nahebringen zu können.

Rittigkeit und Gehorsam kommen in erster Linie dem Reiter zugute. Solange daher für den Reiter das Turnierrichterurteil der erstrebenswerteste Maßstab für seine und seines Pferdes Leistung darstellt und ihm die harmonische Übereinstimmung mit seinem Pferd so gut wie nichts bedeutet, so lange wird man freilich mit solchen Begriffen wenig Eindruck machen. Wahrscheinlich wird auch der Hinweis auf die ungleich höheren Gefahren, denen ein Reiter auf einem permanent ungehorsamen Pferd ausgesetzt ist, weil es für eine erfolgreiche physische Einwirkung nicht vorbereitet und daher einer solchen unzugänglich ist, ebenfalls ohne Erfolg bleiben. Hat man aber einmal einem Reiter das Gefühl nahe gebracht, das er durch die im Zuge der Ausbildung erreichte Beherrschung der Hinterhand zu empfinden vermag, wird diese Arbeit wahrscheinlich auf einmal mit einem ganz anderen Leben erfüllt werden.

Alle Anregungen im Zusammenhang mit der Ausbildung des Reitschülers fußen daher in irgend einer Form auf den Grundsätzen der Psychologie. Einer Psychologie allerdings, die sich rest- und nahtlos in die gedankliche Planung und den praktischen Ablauf fügt und daher nie als eine nebenherlaufende, zusätzliche Belastung angesehen werden soll.

*Zu den ersten Schritten in der Ausbildung eines Reitschülers wird die Beurteilung seiner Persönlichkeit zählen.* Diese behutsame Tätigkeit wird jeder Reitlehrer selbst vornehmen müssen und keinesfalls einem Gehilfen überlassen dürfen. Die Unterschiede von Temperament, Charakter, Empfindlichkeit, Ängstlichkeit, Aufnahmefähigkeit usw. verlangen ein vorsichtiges Abtasten. Erst wenn dies geschehen ist, kann überhaupt ein Konzept für die ersten Stunden erstellt werden. Bei so behutsamem Vorgehen und Eingehen auf die Persönlichkeit des Schülers wird auch dann kein psychischer Schaden entstehen, wenn der Lehrer einen seiner Gehilfen später mit der praktischen Arbeit betraut.

# Der Sitz des Reiters

*Sitz und Einwirkung bestimmen jegliches reiterliche Tun des Menschen. Ihre Vervollkommnung muß somit das Ziel jeder einzelnen Reitstunde sein.* Sie bestimmen letzten Endes die Fähigkeit, ob für den Reiter bewußt oder unbewußt, dieses stolze Tier in einem wenigstens bescheidenen Maße zu beherrschen. Diese Überlegungen müssen nicht nur die Richtschnur des Reitlehrers darstellen, sondern sollten auch alsbald zu der seines Schülers werden.

Die ersten Sitzübungen, die in der Regel auf einem an der Longe gehenden Pferd vorgenommen werden, sollen dazu dienen, eventuell vorhandene (wenn auch nur selten zugegebene) Ängste abzubauen und niemals dazu, dem Schüler Mutproben abzuverlangen. Letztere Praxis, die nur zu oft von mit wenig eigener Denksubstanz ausgestatteten Personen im Reitlehrdienst geübt wurde (und vereinzelt auch leider heute noch geübt wird) hinterläßt nicht selten Spuren, die nie mehr, oder nur erst nach langer Zeit wieder getilgt werden können. Da es sich heute beim Reitschüler ausschließlich um »Freiwillige« handelt, die der Reiterei erhalten bleiben sollen, ist ein solches Vorgehen ganz und gar unangebracht.

*Je schneller dagegen ein Schüler Vertrauen zu sich selbst und zu seiner Geschicklichkeit bekommt, desto schnellere und bessere Fortschritte wird er machen.*

*Diese Sicherheit und Geschicklichkeit ist untrennbar mit dem Sitz des Reiters zu Pferd verbunden. Er bildet schlechthin den Schlüssel für jedes weitere Vorwärtskommen.* Die für ihn aufgewendete Mühe und Zeit sollte daher nie zu gering bemessen werden, weil eine hier eingesparte Zeit und Mühe ein x-faches an späterem Aufwand notwendig macht.

*»Alte« Lehrer wissen, daß es um vieles leichter ist, den Sitz des noch unbelasteten Schülers gleich richtig zu formen, als einen falschen umzuformen.*

Ganz gleich, welche Ziele der Reitschüler später einmal anstrebt, am Beginn seiner Ausbildung muß der Balance-Sitz (zu falscher Auslegung verleitend auch als »tiefer oder schwerer Sitz« bezeichnet) stehen.

Die Ausbildung im sogenannten »leichten Sitz« ist einer etwas späteren Ausbildungsperiode vorbehalten. Wer umgekehrt verfährt, wird kaum jemals einen gut sitzenden und das Pferd beherrschenden Reiter hervorbringen.

Der in allen Anfängern schlummernde Wunsch, möglichst bald an einem »Ausritt« teilzunehmen, läßt manchen

Lehrer kapitulieren und diese Regel negieren. Wer sich aber die Gefahren vor Augen hält, die damit einhergehen, wenn ein noch über keine wirklich wirksame Einwirkung verfügender Schüler im Gelände sich selbst überlassen ist, wird vielleicht solchen Wünschen mit energischeren Hinweisen begegnen.

Ebenfalls als Fehler ist anzusehen, wenn sogleich mit Freiübungen begonnen wird, bevor noch wenigstens ein Teil des notwendigen Vertrauens zu sich selbst ins Reitschülerherz eingezogen ist.

*Der richtige Sitz beruht auf der richtigen Balance des Körpers im Sattel.* Diese Balance wird nicht von heute auf morgen erworben. Sie verlangt das Wissen um ihre Kriterien, und schließlich ein Erfühlen derselben.

Das »Hinsetzen« des Schülers darf daher nicht nur einmal erfolgen, und dann nur noch durch rethorische Ermahnungen wiederholt werden, sondern muß mit viel Geduld immer wieder erfolgen. Diese Aufgabe fällt selbstverständlich in den Bereich des Reitlehrers und nicht in den seiner Gehilfen. Eine äußerst wertvolle Unterstützung dabei stellt natürlich ein Pferd dar, das dieser schweren Aufgabe des Lehrers durch besondere Eignung entgegenkommt. Junge, selbst noch »unausgegorene« Pferde, die womöglich auch noch vom Temperament her gerne zu unmotiviertem Tempowechsel neigen, eignen sich nicht dazu. Sie sind dann am Platz, wenn dieser Sitz schon einigermaßen gefestigt und seine Festigkeit in den verschiedensten Situationen geprüft werden soll.

Über den korrekten Sitz gibt es viele Abhandlungen, die in ihren Aussagen eigentlich nur geringfügig voneinander abweichen. Einheitlich besagen sie alle, daß sich jedes Versäumnis am Beginn zu einem späteren Zeitpunkt bitter rächt. Oft ist damit sogar ein Steckenbleiben im Mittelmäßigen und ein fortgesetztes Improvisieren verbunden.

Daher werden, selbst auf die Gefahr hin, daß hier Gutbekanntes wiederholt wird, noch einmal die wichtigsten Kriterien aufgezählt:

*Ein Sitz wird nur dann die notwendige Festigkeit bei gleichzeitiger balancemäßiger Anpassung an die Pferdebewegung bekommen, wenn die im Sattel befindliche Körperfläche möglichst groß ist und sich zusätzlich an den Sattel anzuschmiegen vermag.* Dazu eignet sich aber nur eine entspannte Muskulatur, weil Anspannung einer Muskelzusammenziehung und damit einer Auflagenverkleinerung gleichkommt und angespannte Muskeln außerdem ihre Anschmiegefähigkeit einbüßen.

*Das menschliche Becken erfüllt mit seinen Sitzbein-Schambeinästen in jeder Situation die Funktion des Stabilisators, dessen Festigkeit sowohl nach oben wie auch nach unten ausstrahlt. Nur wenn der Schwerpunkt des menschlichen Körpers und der des Pferdes auf einer gemeinsamen Schwerlinie liegen, empfindet das Pferd die menschliche Last nicht als etwas Unangenehmes.*

*Das Geheimnis des stabilen Sitzes hängt also eng mit der Fähigkeit des Reiters zusammen, diese Übereinstimmung der beiden Schwerpunkte herzustellen.* Dabei hilft ihm sowohl die Beweglichkeit des Beckens nach vorn und zurück sowie zur Seite als auch die veränderbare Krümmung der Wirbelsäule.

Die fast immer als »Sitzknochen« bezeichneten Sitzbein-Schambeinäste des Beckens bilden die beiden Fixpunkte des Sitzes, denen sich als imaginärer dritter der Spalt zugesellt. Dieses Gefühl eines »dritten Fixpunktes«

stellt sich beim Reiter nur ein, wenn die beiden Schwerpunkte – Mensch und Pferd – auf einer gemeinsamen Schwerlinie liegen. Gerät der des Reiters vor den des Pferdes, spricht man von einem »Spaltsitz«, weil damit gleichzeitig das Becken seine Funktion als Stabilisator so gut wie aufgibt.

*Ausgehend von dieser korrekten Position der Mittelpartie des Körpers müssen dann die anderen Teile gerichtet werden.*

*Da ist zunächst der Oberkörper. Seine Haltung ist für das Gleichgewichtsempfinden des Pferdes von größter Bedeutung, und die Stabilität dieser Haltung bestimmt sehr wesentlich den Bewegungsablauf des Pferdes.* Gerät der Oberkörper aus dieser richtigen Stellung und löst sich einer der Auflagepunkte, ist damit auch die Auslagerung des Schwerpunktes verbunden.

*Die korrekte Haltung des Oberkörpers bedingt, daß das Reitergewicht genau über dem Schwerpunkt des Pferdes liegt und so dem Pferd die Möglichkeit geboten wird, mit diesem menschlichen Gewicht am besten fertig zu werden.* Das stets gleichmäßig über dem Schwerpunkt wirkende Reitergewicht wird das Pferd ebenso wenig belasten, wie dies durch einen Rucksack geschieht, den der Mensch in fester Verbindung mit seinem Körper hat, bei dem also der Mensch nicht durch eine durch zu lange Rucksackträger bedingte Gewichtsverlagerung ständig gezwungen wird, diese Verlagerung auszugleichen.

Die Stellung des menschlichen Beckens, das mit dem Kreuzbein fest verbunden ist, bestimmt somit auch die Stellung des unteren Teils dieses Kreuzbeins. *Spricht man daher vom »Anstellen des Kreuzes« als jene für das Pferd spürbarste Einwirkung des menschlichen Körpers, dann meint man damit eine Stellung des Beckens, die das Kreuzbein in Richtung Sattel schiebt, wodurch es die Wirkung des »angezogenen« oder »angestellten Kreuzes« erhält.*

Am besten unterstützt man die Beweglichkeit des Beckens durch einen aufgerichteten Oberkörper. Ein in den Sattel »hineingelümmelter« Oberkörper wird den Bewegungen des Pferdes nicht folgen und daher nicht im richtigen Moment begegnen können. Damit geht in der Regel auch immer der Rhythmus der eigenen Bewegung verloren.

Der Verlust dieses Rhythmus' wiederum zwingt den Reiter, sich durch »Anklammern« im Sattel zu halten. Der Einsatz der »Klemmer-Muskel« spannt die Gesäßmuskulatur und nimmt ihr die Fähigkeit, dem Becken als möglichst anpassungsfähige Unterlage zu dienen. Die Einbeziehung der Oberschenkelmuskeln in diesen Anspannungsbereich geht zu Lasten eines durch entspannte Oberschenkel zusätzlich abgesicherten Balance-Sitzes.

*Das »Kreuzanspannen«, eine für den Reiter überaus wichtige Einwirkung, ist nicht, wie vielfach angenommen wird, eine Tätigkeit des »Anspannens«, sondern geschieht ausschließlich durch das »Kippen des Beckens«.* Der Einsatz des vorderen Bauchmuskels bewirkt das Anheben des vorderen Beckenringes und in weiterer Folge das Senken des mit dem Becken fest verbundenen Kreuzbeins.

Diese zusammen mit den (Unter-)Schenkeln als Gegenhalt für das »Anstellen des Kreuzes« verbundene Wirkung auf jenen Punkt der Wirbelsäule des Pferdes, der ziemlich genau über dem Schwerpunkt liegt, zwingt das Pferd zur Vorwärtsbewegung, ohne

daß damit eine für das Pferd unangenehme Einwirkung verbunden wäre.
*Ein angestelltes Kreuz bei korrekt am Pferdeleib liegenden Schenkeln wirkt daher niemals der Losgelassenheit des Pferdes entgegen.*
Allerdings muß als zusätzliche Forderung die gestellt werden, daß das Gesäß des Reiters ebenfalls gelöst, also ohne jede Muskelanspannung »im Sattel« ist, so daß das Anspannen des Kreuzes harmonisch in die Pferdebewegung einzugehen vermag und diese nicht durch Zuspätkommen stört und damit beim Pferd unangenehme Empfindungen erzeugt. Ein so verstandener »tiefer« Sitz und gleichzeitig aufgerichteter Oberkörper stehen keineswegs in Widerspruch zueinander.
*Die Stellung der menschlichen Wirbelsäule wird auch noch von der Stellung der Schulterblätter bestimmt, die entweder einen »runden Rücken« und ein »Einziehen der Brust« oder das Gegenteil zur Folge haben können.*
Nur aus »zurückgenommenen Schulterblättern« vermögen die Oberarme gelöst nach abwärts zu hängen. Diese spannungsfreie Lage setzt sich über Ellbogengelenke, Unterarme, Handwurzelgelenke bis in die Hand fort. Und nur eine solche Hand vermag das Gegenfedern des Pferdemaules zu spüren.
*Wer das »Abstoßen des Pferdes von der Hand des Reiters« einmal körperlich gespürt hat, wird dieses wunderbare »Erfühlen des Bewegungsrhythmus«  immer wieder herbeizuführen versuchen.* Und damit hat er eigentlich die Seele des Reitens entdeckt. Jede Unterbrechung dieses »Abfederns« wird dann dem feinfühlenden Reiter eine Störung anzeigen und damit längere Phasen der Disharmonie vermeiden helfen.

*Echtes Reiten verlangt immer das möglichst restlos aktivierte Gefühl des Menschen.* Dabei spielt es keine Rolle, welches Ziel sich der Mensch für sich und sein Pferd gesetzt hat. – Der hervorragende Springreiter benötigt es genauso wie der Dressurreiter, und ohne wird auch der nicht auskommen, der seine freien Stunden nur zu einem Spazierritt verwendet, dabei aber diesen genußvoll im Sattel seines Pferdes verbringen möchte. Es kann daher nicht früh genug auf diese Dinge eingegangen werden. Gerade in den Anfangsstunden, in denen der Reitschüler sein ganzes Inneres diesem Neuen aufschließt, wird er für solche Stromstöße in Richtung Gefühl am empfänglichsten sein.
Läßt man diese Zeit ungenützt vorübergehen oder kürzt man sie durch »schablonierten Drill« noch künstlich ab, darf man sich nicht wundern, wenn später dann die weiteren notwendigen Ratschläge nur ein halbes Ohr finden.
*Es müßte der Stolz jedes Reitlehrers sein, viele solche gefühlvolle Reiter und Reiterinnen hervorzubringen, weil nur bei ihnen Chancen bestehen, daß sie einmal auch die höhere Reitkunst zu erlernen vermögen.* Der reine »Handwerker« wird nie über ein bestimmtes Maß hinauskommen. Das harmonische Zusammenwirken zweier so verschiedener Lebewesen wie Mensch und Pferd bedarf auf allen Ebenen eines Einfühlungsvermögens von Seiten des Intelligenteren, des Menschen. Dies ist ihm nur über eine Hilfengebung möglich, die dem Bewegungsablauf des Pferdes entspricht. Kann man sich dabei aber in dessen Bewegungsapparat nicht hineinfühlen, wird man mit seiner eigenen Einwirkung meist zu spät kommen.
Jugendlichen Reitschülern, denen man

die Logik der Zusammenhänge noch nicht in einer erfolgversprechenden Weise nahezubringen vermag, muß mit einem besonderen Einfühlungsvermögen die Notwendigkeit bestimmter Einwirkungen vermittelt werden. Wer ein Pferd beherrschen will, muß über ein bestimmtes Repertoire richtiger Einwirkungen verfügen!

*Viele dieser disharmonischen Einwirkungen des Menschen vermag das Pferd zu überspielen.* Dies ist damit zu erklären, daß ein Pferd auf Grund seines wesentlich schneller funktionierenden Reaktionsvermögens Gegenmaßnahmen gegen falsche oder unvollkommene Einwirkungen des Menschen einleitet, ohne daß dies dem Menschen meist überhaupt zum Bewußtsein kommt. Ist ein Pferd aber an derartige falsche Einwirkungen nicht gewöhnt, wird es dadurch in einen wenn schon nicht Aufregungs-, so doch Spannungszustand versetzt, genau wie dies bei einem Menschen der Fall ist, der dauernd mit unerwarteten Ereignissen zu rechnen hat.

In vielen Fällen erwächst daraus schließlich ein Fehlverhalten des Pferdes, das man später als »Verrittensein« bezeichnet und das dem Menschen viel von der Freude mit einem solchen Pferd nimmt, obwohl er selbst oder ein anderer »Artgenosse« die Schuld daran trägt.

*Der Unterschenkel ist jener Körperteil, der dem angestellten Kreuz sozusagen als »Widerlager« zu dienen hat und so dessen Wirkung ermöglicht.*

Er wird automatisch in die richtige Lage kommen, wenn er aus dem *flach am Sattel liegenden* und die Balancefähigkeit des Sitzes erhöhenden Oberschenkel zwanglos nach unten hängt. Das Knie wird nicht angepreßt, soll aber durch seine Lage jederzeit imstande sein, überraschenden Situationen durch einen entsprechenden Knieschluß begegnen zu können.

*Die Wade ist jener Teil des Unterschenkels, der die Aufgabe des Schenkeldrucks zu übernehmen hat.* Je flacher sie am Pferdekörper liegt, desto stabiler wird diese Lage beibehalten werden können. Die leichte Spannung, die durch das mäßige Abwärtsdrücken des Absatzes entsteht, reicht für den normalen Schenkeldruck aus. Ein vermehrtes Anpressen würde ein zu starkes Muskelanspannen zur Folge haben und damit das weiche Anlegen gefährden.

*Das tiefe Knie reguliert automatisch die richtige Lage des Unterschenkels knapp hinter dem Gurt.* Hochgezogene Knie verursachen zumeist sowohl die Hinneigung zum »Stuhlsitz«, als auch ein Anklammern mit den Unterschenkeln am Pferdeleib bei hochgezogenem Absatz.

Um ein tiefes Knie zu erreichen, ist es zweckmäßig, immer wieder zwischendurch den Schüler ohne Bügel reiten zu lassen. Würde man dagegen den Schüler an der Longe ausschließlich ohne Bügel reiten lassen, bedürfte die Umstellung auf das Reiten mit Bügeln eine neuerliche Umschulung, weil das richtige Halten des Bügels mit dem Ballen ebenso wichtig ist wie das tiefe Knie.

Übt man diese beiden Dinge abwechselnd, wird ein zu einseitiges Gefühl vermieden, und man spart Zeit.

*Eine sanfte Drehung der Fußspitze zum Pferd hat den Zweck, die Wade möglichst flach an den Pferdeleib zu bringen und außerdem ein Ausdrehen des Knies zu vermeiden.*

Der Reitlehrer muß anfänglich dem Schüler diese Körperhaltung immer wieder richten und ihm auch die

## Der Sitz des Reiters

Gründe für diese Haltung mit auf den Weg geben. Es wäre aber nicht sinnvoll, dies ausschließlich auf dem haltenden Pferd zu tun oder dieses für diesen Zweck immer wieder durchparieren zu lassen. Er benötigt ja den richtigen Sitz schließlich dafür, um in die Bewegung des Pferdes während der verschiedenen Gangarten richtig eingehen zu können. Daher muß der Korrektur der Haltung des Reiters in der Bewegung das Hauptaugenmerk zugewendet werden.

*Um eine dem einzelnen Schüler speziell gewidmete Zeit wird man nicht herumkommen.* Dieser Aufwand ist jedoch notwendig, weil die Korrektur falscher Grundlagen noch um vieles aufwendiger ist.

Manche glauben, durch die intensive Betrachtung eines (Vor-)Bildes schneller und leichter an das Ziel, also zum richtigen Sitz zu gelangen. Dies ist aber ein weitgehender Selbstbetrug. *Würde man durch »Zuschauen« die Reitkunst erlernen können, wäre dies ein wunderbarer Weg, und viele abartige Beispiele reiterlichen Geschehens blieben dem Pferd und dem menschlichen Betrachter erspart.* Leider gibt es diesen Weg nicht, sondern es gibt nur den einzig begehbaren: Sich »durchzubeißen«! Daher verleiten »Bilderbücher« meist nur zu Oberflächlichkeiten!

*Die wichtigste Gangart für das Erlernen des richtigen Sitzes zu Pferd ist der Trab.* Da aber diese Gangart dem Anfänger meist schwer zu schaffen macht und ein sofortiges »Leichttraben« äußerst nachteilig wäre, weil auf diese Weise die Schwierigkeiten, die nun einmal jeden Reitschüler auf dem Weg zum richtigen Sitz begleiten, wahrscheinlich nie überwunden werden, muß man nach Möglichkeit ein Pferd mit ruhigem Trab wählen oder darauf achten, daß die Pferdebewegung im geeigneten Rahmen bleibt. Das ausgebundene Longepferd bietet dafür die beste Gewähr.

Die Zügelführung wird in diesen ersten Stunden vernachlässigt. Arme und Hände sollen in diesem Stadium vor allem jene Losgelassenheit erhalten, die notwendig ist, um die Balancefähigkeit des übrigen Körpers nicht zu gefährden.

*Jeder gute Reitlehrer wird für diese ersten Stunden sein ganzes Augenmerk darauf verwenden, dem Schüler so schnell wie möglich ein »gutes Gefühl« auf dem Pferd zu verschaffen und ihm so die im Unterbewußtsein vorhandene Angst als die größte Gegnerin des Gelöstseins zu nehmen.*

Je früher und je schneller er dem Schüler das Gefühl zu vermitteln vermag, daß er seinen Körper dann am sichersten und besten auf dem Pferd auszubalancieren vermag, wenn er mit einer möglichst großen und breiten Fläche im Sattel sitzt, desto schneller werden die Anfangsschwierigkeiten überwunden werden können.

Empfindet nämlich der Schüler einmal ein gewisses Gefühl der Sicherheit, wird er den weiteren Anordnungen des Reitlehrers ganz anders Glauben schenken und ihnen mit einer ganz anderen Einstellung nachkommen.

*Sehr wichtig und ausschlaggebend für die Stabilität des Sitzes ist die Haltung des Kopfes.* Darauf muß vom ersten Augenblick an geachtet werden. Wakkelige Hälse haben meist einen unruhigen Kopf zur Folge. Ständig nickende Köpfe bewirken eine sich ständig ändernde Haltung der Wirbelsäule. Auch wenn diese Änderung für das Auge kaum sichtbar ist, wird das gleichmäßige Anstellen des Kreuzes immer wieder für Augenblicke unterbrochen.

Die Praxis zeigt, daß wackelige Hälse und nickende Köpfe nur sehr schwer korrigierbar sind. Es bedarf dazu eines eisernen Willens von seiten des Reitschülers und großer Geduld und langsamen Vorgehens von seiten des Lehrers. Je länger man aber damit zuwartet, desto schwieriger ist ein solcher Fehler abzustellen.

*Nun ein Wort zu den so beliebten Freiübungen zu Pferd. Sie haben einzig und allein den Zweck, den Reitschüler mit dem Pferd vertrauter zu machen und ihn langsam an die Möglichkeit heranzuführen, unvorhergesehenen Bewegungen des Pferdes richtig begegnen zu können. Wer einen anderen Zweck darin sieht, verkennt ihre Bedeutung.* Belasten sie die Psyche des Schülers, erfüllen sie nicht ihren Zweck und wirken eher hemmend als fördernd.

Haben sich bei der militärischen Reitausbildung manche Ausbilder daraus immer wieder einen Spaß gemacht, dem Schüler einen möglichst »großen Respekt« vor der gesamten Materie einzuflößen, ohne dabei zu bedenken, daß auf diese Weise vielen Anfängern für alle Zeit die echte Lust an der Reiterei vergangen ist, und sie nur noch gezwungenermaßen als Angehörige einer berittenen Truppe ihre Pflicht erfüllten, so wäre eine solche Einstellung heute geradezu ein Verbrechen.

*Wir wollen heute möglichst viele »echte Jünger der Reitkunst«, und nicht solche, die schon nach wenigen Stunden der Reiterei wieder den Rücken kehren. Sie sollen der Reiterei aber nicht nur erhalten bleiben, sie sollen auch Gewinn für sie sein!* Dies ist aber nur dann der Fall, wenn die noch immer gültigen »klassischen Regeln dieser Kunst« ihnen für alle Zeit als Richtschnur dienen. Das Gegenteil davon wäre, wenn man aus einer permanenten menschlichen Überlegenheit heraus jedes Versagen grundsätzlich dem Tier anlastet und in keiner Lage gewillt ist, von diesem sich selbst zu unrecht angeeigneten Podest herabzusteigen.

Eine solche Einstellung gewinnt oft schon sehr früh Oberhand über einen noch »jungen Reiter«, und es verdient daher zweifellos jener Reitlehrer dieses Prädikat am sichersten, der ein solches Abgleiten zu verhindern vermag.

Nach diesen ersten »Sitzübungen« in allen Gangarten zu Pferde, die eigentlich so lange währen sollten, bis der Schüler Übergänge und Tempowechsel »durchzusitzen« vermag, kann zur reiterlichen »Einwirkung« übergegangen werden.

# Die reiterliche Einwirkung

Für diese »Einwirkung« bedient sich der Reiter der »Hilfen«. *Obwohl man von Zügel-, Schenkel- und Sitz- oder Gewichtshilfen spricht, muß vom ersten Augenblick an dem Schüler das unbedingt notwendige Ineinanderfließen aller Hilfen als oberstes Gebot hingestellt werden.*
Kann man am haltenden Pferd die Wirkung der einzelnen Hilfen dem Schüler demonstrieren, so verlangt die Bewegung, ganz gleich in welcher Gangart, bereits dieses Zusammenfließen.
Je öfter und intensiver man auf diese Notwendigkeit hinweist, desto größer ist die Wahrscheinlichkeit, daß sie dem Reitschüler zur Selbstverständlichkeit wird.
*Hand in Hand mit dieser ersten wichtigen Regel muß eine zweite gehen. Nämlich die, daß nicht die kraftvollste Einwirkung die Güte der Ausführung bestimmt, sondern die richtige!*
Wäre das Pferd nicht ein so gutmütiges Tier, das so unendlich viele falsche Einwirkungen über sich ergehen läßt, und trotz dieser falschen Einwirkungen nur zu oft den Wunsch des Reiters »erahnt«, würde die Kraft des Menschen nicht ausreichen, mit Gewalt etwas zu erzwingen.
Die richtige Einwirkung beruht auf physikalischen Gesetzen, die bei vorausgesetzter psychischer und physischer Losgelassenheit des Pferdes dieses »zwingen«, diesen Gesetzen Folge zu leisten. Sie allein sind imstande, dem Reiter ein »gehorsames Pferd in die Hand zu geben«!
*Daher wird der denkende Reiter stets jedem anderem überlegen sein.*
Sicherlich vermag brutale Gewalt auch so starke Naturen wie Pferde einzuschüchtern (wobei unter »Stärke« beim Pferd fast ausschließlich dessen Muskelkraft gemeint ist, wogegen seine psychische Stärke eher als »Schwäche« anzusehen ist), aber eine »freiwillige Mitarbeit« – eine der wichtigsten Komponenten der »Klassischen Regeln« – wird man nicht erreichen.
Man wird kaum umhin können, dem Reitlehrer Schuld geben zu müssen, wenn man schon jüngste Reiter und Reiterinnen sieht, die ihr Pferd über Hindernisse prügeln. Solche werden wohl nie zum Gewinn für die Reiterei werden, abgesehen davon, daß sich die von ihnen erreichbaren Ziele in sehr engen Grenzen bewegen werden.
Gerät ein solcher ›Nichtklassischer‹ in die Laufbahn eines für die Ausbildung von Reitern und Pferden Zuständigen, vervielfachen sich die negativen Kriterien nach dem bekannten Schneeballsystem, und man kann sich leicht aus-

malen, wie arm ein Reitstall dran ist, der auf ein solches »Vorbild« angewiesen ist.

Man kann die Einwirkungen des Reiters auf das Pferd grob in »treibende« und »verhaltende« einteilen.

Der ersteren muß aus mehreren Gründen der Vorrang eingeräumt werden: Erstens will der Reiter ja von der Bewegung des Pferdes profitieren, er will sich ihrer bedienen und nicht das Pferd als »Sesselersatz« verwenden. Zweitens verkraftet ein Pferd im Fluß der Bewegung leichter die Einwirkungen des Reiters, wodurch drittens beim vorwärts gehenden Pferd viel schneller auch psychische Spannungen wieder aufgelöst werden können.

Die verhaltende oder verwahrende Einwirkung hat dagegen nur die Aufgabe, das Vorwärtsgehen des Pferdes zu regulieren und in den gewünschten Bahnen zu halten.

*Es kann aus dem bisher Gesagten daher entnommen werden, daß die treibende Einwirkung immer der verhaltenden vorausgehen muß.* Wer umgekehrt beginnt, wirft bereits eherne Gesetze über den Haufen.

*Nun ist es wichtig, dem Reitschüler auch gleich die Tatsache vor Augen zu führen, daß ein und dieselbe Einwirkung ohne weiteres eine treibende wie ebenso eine verhaltende Wirkung haben kann.* Diese Erklärung soll verhindern, daß ein Teil der Hilfen ausschließlich als treibende, andere als verhaltende eingestuft werden und damit den Schüler zu falschen Einsätzen verleiten.

Ohne Zweifel kommt dem Sitz in Verbindung mit dem Schenkel die wichtigste treibende Wirkung zu. Diese Wirkung entsteht aber nicht etwa durch übertriebene Bewegung, wie z.B. Drücken oder Pressen, sondern vielmehr durch ein sinnvolles Zusammenspiel von Kreuz und Schenkel.

Es müssen zum besseren Verständnis noch einmal die Vorgänge im Körper des Reiter veranschaulicht werden, die das Pferd veranlassen, vorwärts zu gehen: In der Normalhaltung des ruhig sitzenden Reiters nimmt das Becken eine senkrechte Lage ein. Durch diese Lage des Beckens wird das Ende der Wirbelsäule, das Kreuz- (bzw. Steiß-) bein, leicht hinten hinausgestellt. Das »Anstellen des Kreuzes« bewirkt eine Drehung des Beckens mit seinen Ausläufern in Richtung Pferdekopf, womit gleichzeitig das Kreuzbein ebenfalls in diese Richtung gedreht wird und somit mit seinem Ende dem Pferderücken näher kommt.

Außerdem wird dadurch die knapp oberhalb des Beckens stattfindende Rundung der Wirbelsäule zum Teil aufgehoben und dadurch diesem Teil der Wirbelsäule, dem Kreuzbein, durch die Veränderung seiner Stellung eine bestimmtere und daher wirkungsvollere Haltung gegeben.

*Allein diese Stellung des Kreuzbeins bewirkt veränderte Druckverhältnisse auf das Rückgrat des Pferdes und zwingt dieses, die dabei empfangenen Impulse über das gleich wie beim Menschen an der Wirbelsäule fest verankerte Hüftbein (Becken) an die Hinterhand weiterzugeben* (vorausgesetzt, daß der Rücken des Pferdes nicht durch eine falsche Ausbildung »weggedrückt« ist).

Diese Wirkung des »angestellten Kreuzes« entsteht aber nur, wenn dieses Kreuz in den (weich) angelegten Schenkeln eine Art »Widerlager« findet. Würden nämlich die Schenkel weggestreckt, bzw. zu weit vorgenommen, geriete der Reiter in den »Stuhlsitz«, d.h., das Becken würde sich noch weiter auf den Sitzbein-Schambeinästen (bis zu den Sitzbeinhöckern) drehen, das Kreuz würde nur noch zu einer »übertrieben vorwärtsschiebenden«, nicht aber mehr zu einer »wünschenswert zusammenschiebenden« Wirkung verwendet.

Scheinbar widersprechen die Abbildungen aus einer gut zwei Jahrhunderte zurückliegenden Epoche, die den Reiter mit steif vorgestrecktem Ober- Unterschenkel zeigen, der Behauptung von der Notwendigkeit der heute gelehrten Schenkellage. Dem ist aber nicht so. Die Ausbildung der Tragfähigkeit und Hankenbiegefähigkeit der Hinterhand wurde damals so extrem betrieben, daß schon allein das Reitergewicht eine genügend große Unterstützung des angestellten Kreuzes darstellte, so daß die Haltung des Schenkels keine Rolle spielte. Außerdem waren auf solchen Bildern stets »Schulpferde« dargestellt, also Pferde auf höchster dressurmäßiger Ausbildungsstufe, von denen immer eine Hankenbiegung und Aufrichtung verlangt wurde, die man einem »Campagnepferd« nie abverlangt hat.

Man darf sich unter dieser »zusammenschiebenden« Wirkung nicht etwa einen Vorgang vorstellen, der für jedermann deutlich sichtbar wäre. Er beruht nur auf den durch die reiterliche Einwirkung ausgelösten Impulsen, die ihrerseits wieder jene notwendigen Muskelreflexe erzeugen, die, treffen sie auf einen »annehmenden Hinterfuß«, die gewünschte Wirkung in der Form zeigen, daß der bereits im Abheben begriffene oder schon abgehobene Hinterfuß zu vermehrtem Vortreten »aufgefordert« wird. Dem mit dem nötigen Gefühl ausgestatteten Reiter wird die »richtige Ankunft seiner Einwirkung« in seiner Hand signalisiert. Dieses damit verbundene »Hineinrunden des Pferdehalses in die sanft gegenhaltende Reiterhand bei gleichzeitig spürbarem vermehrten Untertreten der Hinterbeine unter den Schwerpunkt« erzeugt nicht nur beim Reiter ein Hochgefühl, sondern wird sich auch dem Beschauer im »Ausdruck des Paares Mensch-Pferd« präsentieren. Wer solche für den Reiter als angenehm empfundene Reaktionen einmal auf einem Pferd gespürt hat, wird die Erreichung eines solchen Zieles immer wieder anstreben. Er wird dabei die Erfahrung machen, daß es um vieles schneller erreichbar ist, wenn man seine eigene Muskulatur gelöst behält, um sie auf diese Weise für solche Empfindungen bereiter zu machen.

Vielleicht mag manchen eine derartige Darstellung von Gefühlen und Empfindungen während des Reitens übertrieben erscheinen. Trotzdem kann nur immer wieder die Behauptung wiederholt werden: *Wer sich in der Reiterei ausschließlich zu Kraftakten bekennt, wird weder aus seinem Pferd alles herausholen, was ihm von der Natur mitgegeben wurde, noch wird er selbst jene beglückenden Momente empfinden können, die entstehen, wenn »der Reiter denkt und das Pferd ausführt!«*

Das Anstreben eines solchen Zieles bedeutet keineswegs, daß es auf dem Weg dorthin nicht manchmal zu kräftigen Auseinandersetzungen zwischen »zwei Persönlichkeiten« kommt. Will der Reiter aber seine Führungsrolle behaupten, sollten solche Situationen möglichst immer mit einem Sieg des Reiters enden. Sie dürfen aber nicht zum permanenten Kampf führen, der auch dann noch unterschwellig weitergeht, wenn scheinbar wieder Friede herrscht.

*Es gehört zu den wichtigsten psycholo-*

*gischen Gesetzen der Reitpferdeausbildung, daß jedem Kampf eine echte Aussöhnung folgen muß, die verhindert, daß eine unnatürliche Anspannung erhalten bleibt.*

Auch wenn man Pferdegefühle nicht mit menschlichen Maßstäben messen darf und wahrscheinlich manche Reaktion des Pferdes bei der Betrachtung durch die menschliche Brille falsch beurteilt, so wird man trotzdem das Gefühl nicht los, daß ein Pferd sehr wohl zwischen verdienter Strafe und nachtragendem Groll oder gar Haß unterscheiden kann.

Selbst wenn man in seinem Verhalten einmal »außer Kontrolle gerät« und über das Ziel hinausschießt, ist dies noch immer besser, als gebändigte, jedoch stets gleichbleibende Gefühlskälte an den Tag zu legen, die auch für das Pferd die Unterschiede zwischen Hoch und Tief weitgehend verwischt.

Zu den schwierigsten Dingen, die es für den angehenden Reiter zu erlernen gilt, gehört ohne Zweifel das Zusammenspiel der Hilfen. In neunzig von hundert Fällen entstehen Widerstände oder vom Reiter unerwünschte Reaktionen dadurch, daß eine scheinbar richtig gegebene Hilfe durch eine andere aufgehoben wird, und damit für den nichtdenkenden Reiter der Eindruck eines Nichtwollens des Pferdes entsteht.

*Eine richtig gegebene Hilfe muß also noch keine richtige Einwirkung zur Folge haben.*

Dem Schüler muß daher so bald als möglich die Wichtigkeit des richtigen Zusammenspiels zum Leitfaden seines Tuns werden. Bei allen diesem Ziel dienenden Anleitungen und Hinweisen muß aber stets die dominierende Bedeutung der treibenden gegenüber den verhaltenden Einwirkungen unterstrichen werden.

In diesem Zusammenhang muß etwas näher auf *die Aufgabe des Zügels* eingegangen werden. Sein Hauptzweck ist der, das Pferd auf die Wünsche des Reiters aufmerksam zu machen. Eine weitere Aufgabe besteht darin, dem Pferd jenen notwendigen Widerhalt zu geben, an dem es sich »federnd abzustoßen« vermag.

Wenn hier von Widerhalt gesprochen wird, dann soll hier nicht eine »eiserne«, unnachgiebige Hand gemeint sein, die diese Unnachgiebigkeit womöglich noch durch unnötige Anzüge in eine disharmonische reiterliche Einwirkung verwandeln hilft, an der so oft und unnötig lang ein Vorwärtskommen bei der Ausbildung des Pferdes scheitert.

Das Bedürfnis jedes Anfängers, ja selbst vieler weit fortgeschrittener Reiter, den Zügel auch dann zu gebrauchen, wenn sein Einsatz fehl am Platz ist oder zumindest durch seinen Einsatz nicht die erhoffte Wirkung zu erzielen ist, kann nicht von heute auf morgen abgebaut werden. Der sichere Balancesitz, zu dem der Reiter immer mehr und mehr Vertrauen bekommt, ist dafür die beste Voraussetzung.

*Im Kapitel über den Zügeleinsatz muß auch das Bekanntmachen mit dem Begriffen »innerer« und »äußerer« Zügel, sowie mit deren unterschiedlicher Wirkung enthalten sein.* Dieses Bekannt- und Vertrautmachen soll keinesfalls um vieles späteren Zeiten vorbehalten sein, auch wenn nicht immer ein augenblickliches Verständnis für solche Erläuterungen vorausgesetzt werden darf.

Die Eindrücke, die in diesen Stunden auf den Reitschüler einstürmen, sind so vielfältig und vor allem von unvorherzusehenden Reaktionen des Pferdes begleitet, daß man diesem Umstand einfach Rechnung tragen muß. Ein Reitlehrer, der in solchen Fällen sogleich kapituliert und in den Zustand eines rücksichtslos Antreibenden oder in den eines Resignierenden verfällt, hat seinen Beruf verfehlt.

Aber selbst wenn bei einem Reitschüler solche theoretische Erklärungen sehr rasch auf fruchtbaren Boden fallen sollten, ist damit noch keine Gewähr gegeben, daß die Schwierigkeiten endgültig überwunden sind. Denn schon das Zur-Verfügung-stellen eines anderen Pferdes kann das bisher Erreichte zunichte machen.

So sehr es einem wichtigen psychologischen Grundsatz widersprechen würde, in dieser schwierigen Phase dem Schüler durch ausschließliches Hervorkehren der von ihm gemachten Fehler zu entmutigen, so falsch wäre es aber andererseits, ihm etwas einzureden, was ihn zu unerfüllbaren Hoffnungen berechtigt.

In der Reiterei stellen oft unscheinbare Detailaufgaben überaus wichtige Mosaiksteinchen dar. Verzichtet man auf sie, wird man sich wahrscheinlich für immer mit einem Fragment zufrieden geben müssen.

*Eine »ruhige Hand« hängt auf Gedeih und Verderb mit dem Balancesitz zusammen.* Wer sich zum Festhalten im Sattel der Arme und Beine bedienen muß, hat diese beiden Körperteile so ausgelastet, daß ihr rhythmischer, aber wenn nötig unabhängiger Gebrauch kaum möglich sein wird.

Für Unterarm und Hand wird diese Forderung nur erfüllbar sein, wenn die Oberarme gelöst, ihrer Schwere nach, aus dem Schultergelenk nach unten hängen und damit dem Ellbogen jene Lage zugewiesen ist, in der ihm die Erfüllung seiner Funktion, ruhender Pol für Unterarm und Hand zu sein, möglich ist. Ein steif verbundener Ober- und Unterarm, bei dem die Funktion des Ellbogengelenks weitgehend ausgeschaltet ist, wird die Bewegung des Pferdes ungebrochen auf die Hand übertragen und damit eine »unruhige Hand« erzeugen.

*Eine weitere Forderung an die Hand muß sein, daß sie spannungsfrei sein sollte.* Jede Spannung im Handgelenk, die sich meist in Form einer Verkrampfung im Handgelenk bei gleichzeitig »verdeckten Fäusten« zeigt, muß notgedrungen diese Verkrampfung über Unterarme, Ellbogen bis in die Schultern weiterleiten und auch hier eine nachteilige Verkrampfung erzeugen.

Ein Unterschenkel wiederum, der in starrer Verbindung mit dem (funktionslosen) Oberschenkel zum »Anklammern« verwendet wird, muß automatisch zum unruhigen werden, der weder im richtigen Augenblick noch am richtigen Platz zum gewünschten Einsatz zur Verfügung steht.

*Die Sicherheit, die ein Reiter bei gestrecktem Oberkörper und korrektem Balancesitz zu empfinden vermag, ist ausschlaggebend für die funktionsrichtige Verwendung von Unterschenkel und Unterarm bzw. Händen.*

Solange dieses Gefühl der Sicherheit nicht erreicht ist, wird es immer wieder Rückschläge geben.

Es wäre aber nicht sinnvoll, diesen durch den »leichten Sitz« begegnen zu wollen. Der richtige »leichte Sitz« ist nämlich ebenfalls bestimmten Gesetzen unterworfen, wenn er seine Funktion erfüllen soll. Zwar kann er im praktischen Gebrauch gewisse Verschiedenheiten aufweisen, seine Aufgabe ist aber in erster Linie, den Pferderücken für eine gewisse Zeit oder bestimmte Aufgabe vom Reitergewicht etwas zu entlasten, ohne jedoch jene automatisch treibende Wirkung des Reiterge-

wichts, das in diesen Fällen vermehrt durch den Unterschenkel wahrgenommen wird, aufzuheben.
Selbst der Schritt am hingegebenen Zügel verlangt diese Wirkung, weil die Bewegung ihren Antrieb fordert und beim Reiten noch hinzukommt, daß der Reiter in jeder Situation den Grad der Bewegung bestimmen können sollte. Würde er dies nicht, gliche er einer »Last«, mit der das Pferd selbst fertig zu werden hat. Man sollte aber dann auch nicht von »Reiten« sprechen.
Es ist natürlich, daß man nicht nur den Sitz, sondern auch die Einwirkung mit Zügel und Schenkel auf einem gut gerittenen Pferd am schnellsten und eindrucksvollsten erlernt. Ein in guter Selbsthaltung korrekt am Zügel gehendes Pferd wird durch seinen sich »auf- und abwölbenden Rücken« dem Reiter ein Gefühl vermitteln können, das nicht nur wunderbar angenehm ist, sondern ihn auch meist bequem sitzen läßt. Gleichzeitig wird es seinen Schenkeln ein ruhiges Anlegen ermöglichen, und die korrekte Hals- und Kopfhaltung wird zudem sehr rasch das Gefühl des »Abstoßens an der Reiterhand« vermitteln können. Wo dieses Pferd nicht zur Verfügung steht, gibt es nur die Lösung des langsamen, schrittweisen Vorgehens.

*Um aber die Notwendigkeit dieses langsamen, schrittweisen Vorgehens auch glaubwürdig zu machen, müssen alle dabei gemachten, wenn auch nur winzigen Fortschritte psychologisch verwertet werden.* Gerade diese »Verwertung« fehlt oft in vielen Lehrer-Schüler-Verhältnissen. Wer einem Schüler den Wert des Erfühlens so wichtiger Momente, wie oben beschrieben, nicht nahe zu bringen vermag, wird diesen an den wahren Werten der Reiterei vorbeisteuern.

*Ein richtiger Sitz und eine richtige Einwirkung wird dem Reiter durch viele Jahre so viel Freude, das Gegenteil so viel Kummer bereiten, daß jeder Schüler die Notwendigkeit ihres Erlernens einsehen wird, wenn man es genügend deutlich zu demonstrieren vermag.*
Ein Lehrer, der sich von der Ungeduld seines Schülers anstecken und in der Folge zu ungerechtfertigten Zugeständnissen verleiten läßt, verdient eigentlich nicht seinen Titel.
Es gehört daher auch heute zu seinen vornehmsten Aufgaben, das Wollen eines hohen Prozentsatzes der Reitschüler, baldmöglichst »turnierreif« zu sein, richtig zu steuern. Dies gebietet einerseits die Erhaltung bzw. Steigerung des Niveaus der Reiterei und andererseits die persönliche Sicherheit jedes einzelnen.
Das weitgehende Fehlen einer »gewachsenen« Verbindung zwischen Mensch und Pferd, wie sie für frühere Generationen selbstverständlich war, bringt dem »jungen Reiter« so manche Gefahr gar nicht ins Bewußtsein. Auch hier muß also der verantwortungsbewußte Reitlehrer nachholen, was der bisher fehlende Umgang mit dem Pferd versäumen ließ.
*Der Ruf eines Reitlehrers wird nicht, wie manche fälschlich glauben, ausschließlich von Turniererfolgen seiner Schüler bestimmt, sondern meist in einem viel höheren Maße von der Art, wie diese Schüler reiten und wie sie ihre Erfolge erzielen.*
Vielleicht mag ein »festes« Rückgrat für den einen oder anderen im Augenblick Nachteile bringen. Auf lange Sicht macht es sich sicher bezahlt. Dies kann unschwer nachgewiesen werden.
Der Übergang zur speziellen Ausbildungsweise eines Schülers, wie z. B. zum »leichten Sitz« als Vorbereitung

## Die Reiterliche Einwirkung

zum Springen, soll eigentlich durch das Vorhandensein des Gefühls bestimmt werden, nunmehr auf Grund des Sitzes und der Einwirkung mit Schenkel und Zügel wenigstens in bescheidenem Maße das Pferd zu beherrschen, d. h. die Gangart, das Tempo und die Übergänge bestimmen zu können. Diese bescheidenen Voraussetzungen müssen die Grundlage für jeden Reiter darstellen, ganz gleich, welche weiteren Ziele er anstrebt.

Ebenso wie man ein junges Pferd mit Hilfe eines überlegten Stufenplans an das Springen heranführt, sollte dies ebenso mit dem jungen Reiter geschehen. Auch hier sollte zum »Einspringen« wieder ein Pferd gewählt werden, das als Routinier auf diesem Gebiet anzusehen ist, sich also den Absprung selbst zu wählen vermag, so daß der Reiter an solche Dinge vorerst gar nicht denken braucht. Weiter sollte ein solches Pferd jene Bascule im Sprung zeigen, die den jungen Reiter geradezu zum Mitgehen zwingt.

Jeder Sprung verlangt vom Pferd ein Verlegen des Schwerpunkts in Richtung Vorhand. Nach dem Gesetz, daß der Schwerpunkt des Reiters nach Möglichkeit immer über dem des Pferdes liegen soll, bedeutet dies, daß der Reiter rechtzeitig an die Verlagerung seines eigenen denken muß. Kommt er damit zu spät, bedeutet dies auf jeden Fall eine Störung für das Pferd. Die meisten Pferde verkraften eine solche ohne weiteres. Wird aber ein solcher Springstil zur Alltäglichkeit, dürfte er mit der Zeit zu Lasten eines kraftvollen Fliegenlassens gehen. Der alte Satz: »Wirf dein Herz über das Hindernis und springe ihm nach!« sagt ja nichts anderes aus, als daß der Reiter mit seinem Schwerpunkt nie hinter dem des Pferdes bleiben soll.

Dies ist um vieles einfacher durch den nun schon zur Selbstverständlichkeit des Springreitsports gehörenden »Italienischen Springstil«. Durch die rechtzeitige Entlastung des Rückens wird der zurückzulegende Weg des Reiterkörpers praktisch verkürzt und die Gefahr des Zurückbleibens geringer. Gleichzeitig wird die zweckmäßige Tätigkeit der Hand, die dem Pferd rechtzeitig die benötigte Halsfreiheit geben muß, erleichtert.

Ein Reitschüler, dem das herzhafte Hineingreifen in den Mähnenkamm zur Selbstverständlichkeit geworden ist, wird einen großen Schritt vorwärts getan haben. Das Vorgehen der Hand links und rechts vom Mähnenkamm bildet dann nur noch eine Verfeinerung. Wichtig ist in erster Linie nämlich die Freigabe des Pferdes – selbstverständlich ohne die Verbindung Hand-Pferdemaul vollkommen aufzugeben –, dem auf diese Weise die Möglichkeit gegeben wird, den Sprung richtig zu taxieren, etwas, was nur die großen Könner dem Pferd abzunehmen vermögen.

Den richtigen Springstil zu erlernen, fällt keinem wirklich schwer. Die entscheidenden Fehler geschehen *zwischen* den Sprüngen, wenn dem Reiter die Fähigkeit fehlt, das Tempo des Pferdes zu regeln. In dieser Fähigkeit unterscheidet sich der wirkliche Könner sehr wesentlich von jenem, den man schlechthin als »Last auf dem Rücken des freispringenden Pferdes« bezeichnen kann, wobei dem Pferd noch die Möglichkeit genommen ist, dabei ausschließlich den eigenen Gesetzen gehorchen zu können.

Dieses Regulieren des Tempos zwischen den Sprüngen muß so früh wie nur möglich dem Reitschüler zur Selbstverständlichkeit werden, will er jemals über eine bestimmte Leistungsmarke hinauskommen. Diese Fähigkeit benötigt er nämlich ebenso notwendig zum Mobilisieren von Kraftreserven, eine Einwirkung, die nicht physische, sondern auch psychische Folgen haben kann. Das Pferd muß nämlich Vertrauen zu seinen eigenen Fähigkeiten bekommen (und natürlich auch zu denen des Reiters), um Leistungen erwarten zu dürfen, die einer »Herausforderung« seiner körperlichen und geistigen Kräfte gleichkommen. Wird an ein solches nie mit einer »echten Herausforderung« konfrontiertes Pferd plötzlich eine über das gewohnte Maß hinausgehende Forderung gestellt, stellt dies einen Grund zur »Aufregung« dar. Aufregung aber läßt meist klare Abschätzungen nicht mehr zu und führt in extremen Fällen zur hemmungslosen Selbstbestimmung von Tempo und Art der Überwindung von Hindernissen durch das Pferd. Auf die damit verbundenen Gefahren braucht wohl nicht besonders hingewiesen zu werden. Zusätzlich macht ein solcher Ritt aber auf jeden Zuschauer einen überaus negativen Eindruck.

Auch der Springreiter sollte für sich nicht auf die könnensmäßigen Kriterien verzichten, die die Reiterei zur »Reitkunst« machen statt sie im entgegengesetzten Fall auf ein unbedeutendes Niveau herabzudrücken. Die Grundlagen dafür sind die gleichen – der gute Sitz und die korrekten Einwirkungen. Nur über sie führt der Weg zum korrekt ausgebildeten Pferd!

Jeder gute Reitlehrer wird trachten, immer einen vierbeinigen Gehilfen bei der Erfüllung seiner Aufgabe zur Seite zu haben. Solche »Gehilfen« muß man sich aber heranbilden. Da ein Lehrer, der sich auf die Aus- und Fortbildung von Spring- oder Vielseitigkeitsreitern spezialisiert, ebenfalls nicht ohne die in der Dressur verankerten Gesetze über Sitz und Einwirkung auskommen kann, wird er in allen Fällen der Heranbildung eines als »Gehilfen« geeigneten Dressurpferdes, dem dann noch zweckmäßigerweise willige Springer zur Seite stehen sollten, sein Hauptaugenmerk zuwenden.

Man kann ein Lehrpferd natürlich nur als solches verwenden, wenn es die Lektionen beherrscht, die man einen Schüler »erfühlen« lassen möchte. Es wird nicht in allen Fällen möglich sein, für die Ausbildung zum Lehrpferd ein Pferd mit optimalen Anlagen zur Verfügung zu haben, und man ist daher oftmals gezwungen, den mitgebrachten Anlagen entsprechend eben nur ein begrenztes Ziel anzusteuern.

Auf jeden Fall aber sollte dieses Ziel auf dem richtigen Weg angesteuert werden! Fehler, die dabei angesichts der beobachtenden Schüler begangen werden, haben eine lawinenartige Wirkung.

# Die psychologische Komponente in der praktischen Ausbildung des Pferdes

Das Reiten ist heute, im Gegensatz zu früher, eine absolut freiwillige Angelegenheit, der sich viele Menschen zum Ausgleich für ihren Berufsalltag verschrieben haben oder verschreiben. Die tieferen Gründe für diesen Wunsch sollen hier gar nicht untersucht, sondern die Tatsache einfach als gegeben angenommen werden.

Nun bedeutet aber Reiten, einen überaus engen Kontakt mit einem anderen Lebewesen aufzunehmen. Einem Lebewesen, das eine völlig andersgeartete Herkunft, einen anderen Lebensrhythmus, einen anderen Intelligenzgrad und vor allem eine andere körperliche Konstitution hat. Außerdem fehlt ihm eine sehr wichtige Fähigkeit, nämlich sich mit dem Menschen sprachlich verständigen zu können. Im Laufe der Jahrtausende des Zusammenlebens mit den vielen anderen Arten von Lebewesen hat der Mensch gelernt, auch ohne dieses wichtige Hilfsmittel eine Basis der Verständigung zu finden. Auch beim Pferd ist ihm dies gelungen. Er hat jene psychischen und physischen Einwirkungen entdeckt, die es ihm ermöglichen, sich dem Pferd verständlich zu machen. In der Reiterei können wir genau zwischen Zeitläufen unterscheiden, in denen ihm dies entweder besser oder schlechter gelungen ist. Auf jeden Fall war davon das Niveau der Reiterei abhängig. So liegt die Geburtsstunde der »Reitkunst« mit Sicherheit in einer Epoche, in der sich der Mensch über ein Alltags-Gebrauchsmaß hinaus mit dem Pferd »verständigen« hat können müssen. Heute hat das Pferd einzig die Aufgabe, dem Menschen als Freizeitpartner zu dienen (auch die Verwendung im Turniersport verlangt diese Partnerschaft). Soll es diese Aufgabe erfüllen können, soll es ihm zu Vergnügen und Freuden verhelfen, muß es dem Menschen also gelingen, der x-fach überlegenen physischen Kraft des Pferdes einen wohldurchdachten Einsatz der eigenen Kräfte entgegenzustellen. Dies ist aber nur durch einen vollen Einsatz der menschlichen Geisteskapazität möglich. Der »nichtdenkende« Reiter bringt sich somit nicht nur um Freude und Vergnügen, sondern auch um einen hohen Grad an Sicherheit.

Die Voraussetzungen dafür kann jeder erwerben! Mögen dem einen auch manche Eigenschaften nicht bereits in die Wiege gelegt worden sein, ein sinnvolles Streben kann dieses Manko ohne weiteres wettmachen. Wer jedoch in seiner eigenen Ausbildung oder in der korrekten Ausbildung des Pferdes etwas Überflüssiges sieht,

wird Zeit seines (Reiter-)Lebens auf die Gnade des Pferdes angewiesen sein, und das »Glück auf dem Rücken des Pferdes« wird er mehr vom Hörensagen als vom Selbsterleben kennen.
*Gerade beim Reiten oder der Pferdeausbildung liegt der Schlüssel nicht in der »Schnelligkeit«, sondern in der »Gründlichkeit«. Ungeduldige haben es daher in der Reiterei nie weit gebracht.*
Nur wer sich den Blick für die echten Werte anzueignen vermag – und auch Freude an ihnen findet – kommt am weitesten und letzten Endes auch am schnellsten vorwärts. Viele Generationen hervorragender Pferdeleute, zurückreichend bis in die Anfänge der uns zugänglichen Überlieferungen, haben sich in ihrem Wirken der Psychologie bedient, ohne sich dessen bewußt zu werden oder bei der Weitergabe ihres Wissens dies sonderlich herauszustreichen.

Auch heute noch machen jene Reitlehrer oder Ausbilder von Pferden davon Gebrauch, die in ihrer Aufgabe mehr als nur eine sprachliche Weitergabe von schabloniertem und nur selten selbst erarbeitetem Gedankengut sehen.

Wo dies jedoch nicht der Fall ist, muß die Schuld nicht unbedingt bei dem Betreffenden liegen. Der abrupte Übergang von einer Zeitepoche, in der man gezwungen war, der Qualität der Ausbildung von Reiter und Pferd aus allseits bekannten Gründen eine entsprechende Aufmerksamkeit zu widmen, in eine Zeit, in der die Impulse für die Reiterei aus einer ganz anderen Motivation kommen, hat häufig mit sich gebracht, daß jemand zum Lehrer wurde, ohne selbst je richtig Schüler gewesen zu sein. Unabhängig von dieser geänderten Motivation muß künftig der hochqualifizierte Reitlehrer Schlüsselfigur für eine Reiterei mit Niveau bleiben.

In allen Belangen, die vom Menschen sozusagen im »Alleingang« bewältigt werden können, wo es also ausschließlich um die Ausschöpfung seines eigenen Ichs, seiner eigenen psychischen und physischen Kräfte geht, können ihm keine Vorschriften gemacht werden. Über den richtigen Ge- und Verbrauch seiner Substanz wird er selbst entscheiden müssen. Gesellt sich dazu aber ein anderes Lebewesen, noch dazu mit völlig anderen psychischen und physischen Voraussetzungen, wird ihm, dem Menschen, die Verantwortung dafür mit aufgebürdet.

Die Fähigkeit des »logischen Denkens«, über die nur er verfügt, macht es ihm zur Pflicht, die beiden verschiedenartigen Problemkreise zu einer für beide befriedigenden Übereinstimmung zu bringen. Dies erfordert Rücksichtnahme! Eine solche ist aber nur in Verbindung mit der Fähigkeit zum logischen Denken möglich. Man darf sie somit beim Pferd nicht voraussetzen (selbst wenn man in vielen praktischen Fällen auf Seiten des Pferdes eine solche zu erkennen glaubt, wenn es gezwungen wird, krasses reiterliches Fehlverhalten auszugleichen!).

Fußt dieses Eingehen auf die Probleme des Pferdes auf der Logik psychologischer Überlegungen, wird der Mensch in seinem gesamten Umgang mit dem Pferd nur Nutzen ziehen. Je besser er sich der geistigen und körperlichen Anlagen, die dieses Tier von der Natur mitbekommen hat und die es daher schon frühzeitig zum Dienen für den Menschen bestimmt haben, bedient, desto besser wird er dabei fahren.

Psychologische Überlegungen bzw. die Beachtung der dabei gewonnenen Erkenntnisse stellen daher weder einen Zeitverlust dar, noch belasten sie in einem Übermaß den Denkapparat des

## Die psychologische Komponente

Reiters oder Ausbilders. Der mit einem reichen Gefühl Ausgestattete wird in vielen Lagen instinktiv richtig handeln, der weniger Gefühlvolle kann sich sehr leicht und ohne großen Aufwand das notwendigste Repertoire aneignen und auf diese Weise bald mit ersterem gleichziehen. Freilich wird ein Lehrer, dem es selbst in wesentlichem Maße an solchen Fähigkeiten oder an dem Willen, sie zu erwerben, mangelt, keine entsprechenden Anstöße an seine Schüler weitergeben.

Eigentlich müßte jedem aufmerksamen Beobachter der wirklich Großen im Turniergeschehen von heute, ganz gleich in welcher Sparte, klar geworden sein, daß sie ihre Erfolge dem gekonnten In-Übereinstimmung-Bringen der beiden Problemkreise verdanken. *Erst wenn zwei Einzelhöchstleistungen ohne Disharmonie ineinanderfließen, wird daraus eine Gesamthöchstleistung.* Einzelhöchstleistungen, die gegeneinander arbeiten, würden dabei viel von ihren Kräften verbrauchen, die dann der Gesamtleistung fehlen müssen.

Es gibt keine Phase in der Ausbildung von Reiter und Pferd, in der das oben Gesagte nicht Gültigkeit hätte oder in der man ohne die wichtigsten Erkenntnisse daraus auskommen könnte – wenn man das eigene Vorwärtskommen oder das seines Pferdes ernst nimmt. Sie *müssen* am Beginn stehen und *sollen* das gesamte weitere reiterliche Tun begleiten.

Ohne besonderer Pathetik geziehen zu werden, kann man aber sagen, daß die Art, wie die ersten Schritte sowohl beim Reiter als auch beim Pferd in deren Psyche »ankommen«, sehr wesentlich über das Nachkommende entscheiden.

Jeder erste Schritt in ein »Neuland« erfordert das Überwinden einer mehr oder weniger hohen Schranke in der Psyche. Diese Erfahrung hat sicher jeder von uns, sei es bewußt oder unbewußt, bereits hundertfach gemacht. Wir kennen aber eine Unzahl dafür typischer Reaktionen des Pferdes, die uns beweisen, daß auch dieses Tier eine solche Barriere zu überwinden hat.

Beim Menschen wissen wir, daß die Höhe der Schranke sehr abhängig von seinem Intellekt ist, so daß auch die Impulse, die diese Schranke überwinden helfen, verschieden stark sein müssen und die verschiedensten Antriebsquellen haben. Der »Zwang« zu diesem Schritt kann geistige oder körperliche Ursachen haben, kann der Not oder dem Ehrgeiz entspringen, er kann mehr dem Trieb zugeordnet werden oder seinen Ursprung im überlegten Denken haben.

Auch für das Pferd stellt der »Zwang« den eigentlichen Antriebsquell dar. Er kommt aus der »Geistes«- bzw. Triebwelt seiner eigenen Natur und den eng damit verbundenen Umwelteinflüssen. Einen solchen, besonders gravierenden Umwelteinfluß stellt aber z. B. der Wunsch des Menschen dar, sich ihm unterzuordnen und als Reittier dienen zu müssen. Weil ihm aber das »logische Denkvermögen« des Menschen fehlt, das es dazu befähigen würde, sich dieser nun einmal unabdingbaren Aufgabe auch in einer für das »Pferde-Ich« besttragbaren Form zu entledigen, sollte der Mensch eine sehr wesentliche psychologische Überlegung darin sehen; diese Aufgabe so in dessen naturbestimmten Lebenslauf einzubauen, daß sie keine übermäßige Störung verursacht. Mit anderen Worten, der Mensch sollte sich in weitestem Maße der natürlichen Verhaltensweise, wie ebenso der natürlichen Beanspruchbarkeit seines Körpers bedienen.

Dazu benötigt er als theoretische Grundlage ein möglichst umfangreiches Wissen, sowohl über das Exterieur wie über das Interieur. Nicht alle den Bewegungsablauf bestimmenden Zusammenhänge werden sich aus der Exterieurbeurteilung allein finden lassen. Es wird daher zu einer der wichtigen Aufgaben des Reitlehrers gehören, seinem Schüler bei der Schärfung des Blicks »unter die Haut« behilflich zu sein.

Regeln, die für die Exterieurbeurteilung gültig sind, findet man in jedem einschlägigen Lehrbuch. Weil wir aber in der Praxis nur selten das Pferd mit den idealen Formen und Anlagen antreffen werden, zählte es von jeher zu den besonderen Fähigkeiten des guten Reitlehrers, mit den durch Abweichungen von den idealen Voraussetzungen bedingten Problemen fertig zu werden. Versteht er auf diesem Weg der Bewältigung von Problemen seinen Schüler bereits »mitzunehmen«, vermittelt er diesem nicht nur ein Höchstmaß an »Pferdewissen«, sondern regt ihn noch zusätzlich zur wichtigen »Denkarbeit« an, ohne die eine Umsetzung von reiterlichen Hilfen immer nur »mechanisches Stückwerk« bleiben wird. Nur wenn sich der Schüler schon die Frage nach dem »Warum« beantworten kann, wird das Lehrgut des Reitlehrers auf einen genügend vorbereiteten Boden fallen. Im anderen Fall wird auch die hundertfache Wiederholung keine andere Resonanz als die erste zur Folge haben.

Zu den noch immer gleich gültigen Gesetzen zählt jenes, das besagt, daß man an ein Pferd niemals eine »Schablone« anlegen, sondern diesem herrlichen Geschöpf zunächst einmal mit »offenem Herzen« begegnen soll. Sehr häufig kann nämlich ein guter Charakter, ein entgegenkommendes Temperament oder ein entsprechender Intelligenzquotient so manchen Exterieurmangel wettmachen. Andererseits aber können die besten Anlagen das Erreichen des angestrebten Zieles nicht garantieren, wenn die psychischen Anlagen oder negative Charaktereigenschaften dies verhindern.

Den Blick für das Erfassen wichtiger positiver oder negativer Merkmale bekommt man sicher nicht durch die Beurteilung einiger weniger Pferde, sondern die erwünschte Schärfe verlangt ein langes, mit viel Begeisterung durchwirktes Praktikum.

Jeder, der später einmal zum »Experten« werden möchte, tut gut daran, keine Gelegenheit auszulassen, Pferde im Stall, beim Verhalten an der Hand und natürlich unter dem Reiter zu beobachten und zu beurteilen.

Obzwar die hervorragenden Produkte der heutigen Pferdezucht die »Beanspruchbarkeit« dieses Tieres für die menschlichen Wünsche um vieles erhöht hat und so dem Menschen auf diese Weise manche Sorge abgenommen wird, verlangt das Pferd noch immer einen »denkenden Reiter« oder »Ausbilder«.

Selbstverständlich gibt es sowohl Exterieurmängel wie auch charakterlich oder temperamentmäßig bedingte Mängel, die ein Pferd für eine bestimmte Aufgabe ungeeignet machen, und leider sind manche dieser Mängel nicht immer sogleich erkennbar, sondern treten erst im Zuge der Ausbildung zu Tage.

Je weiter daher der Reiter im Beurteilungsvermögen fortgeschritten ist, desto seltener wird ihm ein echter »Reinfall« unterlaufen.

# Die Grundausbildung des Pferdes

*Für welche Zwecke auch immer ein Reitpferd ausgebildet werden soll, die RITTIGKEIT muß Ziel dieser Ausbildung sein. Der Grad dieser Rittigkeit ist dann ausschlaggebend für den Grad seiner Verwendbarkeit.*

Dieser heute zur Gänze aus der Reitersprache verschwundene Begriff besagt ja bereits bei seiner wörtlichen Auslegung, daß es sich um die durch Ausbildung erworbene Bereitschaft des Pferdes handelt, den Wünschen des Reiters zu entsprechen. Wenn viele Pferde sich ohne eine solche Ausbildung trotzdem widerstandslos dem Menschen unterordnen, ist dies ausschließlich auf die den meisten Pferden angeborene Gutmütigkeit zurückzuführen, dank derer es nicht nur falsche Einwirkungen, sondern selbst zu unrecht verabreichte Strafen hinnimmt, ohne sogleich dem Reiter oder Ausbilder die Rechnung zu präsentieren.

Ist aber einmal auch beim gutmütigsten Pferd der Grenzwert erreicht, dann zeigt sich in der Regel sehr schnell der Unterschied zwischen ausgebildetem und nichtausgebildetem Pferd. Oft wird sich der Mensch in solchen Augenblicken überhaupt erstmals seiner Hilflosigkeit gegenüber einer seine eigene um ein Vielfaches übersteigenden Kraft bewußt.

Die Abstufungen des Rittigkeitsgrades sind sehr mannigfaltig. Man hat aber sowohl in der Vergangenheit als auch heute Pferde, die ungefähr den gleichen Grad aufweisen, in Klassen zusammengefaßt. Stellt man den Begriffen der Vergangenheit die der Gegenwart gegenüber, würde die als »Geradeausreiten« bezeichnete Grundausbildung ungefähr der heutigen Dressurklasse A, die »Campagneschule«, die man noch in eine »niedere und höhere« zu unterteilen pflegte, den heutigen Stufen L und M und die »Hohe Schule« der obersten Dressurklasse entsprechen.

Mit den früher gebräuchlichen Begriffen sind aber leider auch die Hinweise verschwunden, die dem Reiter weit deutlicher als heute die Zielsetzung in den einzelnen Ausbildungsstufen vor Augen geführt haben: So besagte das »Geradeausreiten«, daß während dieser Phase durch das *Reiten in möglichst natürlicher Haltung in »nichtversammelten« Gangarten* fast ausschließlich der *Kräftigung des Pferdes* und der *Wiederfindung des Gleichgewichts unter dem Reiter* gedient werden sollte.

Ohne dem Pferd dadurch einen körperlichen Schaden zuzufügen, kann man in diese erste Kräftigungsphase aber sehr bald Übungen einschalten, die dem Vertrautmachen des Pferdes mit den verschiedenen reiterlichen Einwirkungen dienen. Die also sowohl einen Kräftigungs- als auch einen Erziehungseffekt haben. Je früher ein Pferd den Reiter »verstehen« lernt und dessen Anforderungen auch psychisch zu verkraften vermag, desto problemloser wird für dieses die praktische Ausführung. Eine Befürchtung, solche der »Erziehung zum Gehorsam« dienende Übungen würden während der körperlichen Ausreifungsphasen mit einer Überbeanspruchung der Sprunggelenke verbunden sein (und könnten später dann einen »Spat« zur Folge haben) sind bei richtiger Dosierung der Anforderungen absolut unberechtigt.

Eine solche »Überbeanspruchung« ist dagegen viel häufiger mit Praktiken verbunden, mit deren Hilfe Versäumnisse bei der Hinterhandgymnastizierung »mit Gewalt« nachgeholt werden sollen. Eine derartige plötzliche Bearbeitung von Gelenken und Körperteilen, die dafür nicht vorbereitet sind, kann sehr wohl zu Lasten der Gesundheit gehen, zusätzlich aber auch noch Widerstände zur Folge haben, die bei einem langsamen Hineinwachsen des jungen Pferdes nicht zu erwarten sind.

Diese Fortsetzung der Grundausbildung, die man auch als deren »zweite Stufe« (einstmals niedere Campagneschule) bezeichnen kann, leitet dann bereits über zum »Reiten des Pferdes in allen Gangarten, Wendungen und Touren im vollkommenen Gleichgewicht«. Am Ende dieser Ausbildungsphase würde man nach der heute gültigen Klassifizierung von einem »L-(Dressur-) Pferd« sprechen. Obwohl in dieser Ausbildungsphase schon eine gewisse Weichenstellung erfolgen wird, weil sich der Reiter wahrscheinlich entscheidet, welche Aufgabe er seinem Pferd zuzuweisen gedenkt, sollten in diesem Abschnitt die aus der Grundausbildung noch vorhandenen »Ekken« abgerundet werden. Man muß dabei als ganz selbstverständlich auf den Begriff der »Versammlung« stoßen, der heute zwar teilweise gänzlich falsch interpretiert wird, der uns aber seiner urtümlichen Auslegung nach sagen soll, daß alle vom Reiter an das Pferd gestellten Forderungen eine »künstliche Vorbereitung« verlangen, dessen Maß der Mensch bestimmen können sollte.

Eine solche »künstliche Vorbereitung« wird sich nur noch bedingt mit dem vom Pferd Angebotenen zufrieden geben können, und von diesem Augenblick an hat der Reiter den Taktstock gezielt einzusetzen und sollte eigentlich »Rhythmus und Gangart« selbst bestimmen.

So wie die »Volksschule« für den Menschen, bildet für das Pferd die Grundausbildung jenen wichtigen Abschnitt, der für dieses Tier einen noch viel mehr als bisher auf den Menschen abgestellten Lebensrhythmus einleitet und damit seinem Rangbegriff eine Art »künstliche Wendung« gibt. Von nun an hat der Mensch in allen Situationen seine »Leittierfunktion« wahrzunehmen und auch durchzusetzen.

Zu dieser kategorischen, dem Menschen obliegenden Aufgabe, die vorrangig die Psyche dieses Tieres beeinflußt und in der Fortsetzung sehr wesentlich die Harmonie zwischen den beiden Lebewesen bestimmt, tritt nunmehr ein Faktor, mit dem das Pferd psychisch *und* physisch fertig werden muß. Vom Augenblick an, da es das nicht unerhebliche Reitergewicht auf seinem Rücken verkraften muß, ist es gezwungen, seine Gangmanier darauf

## Die Grundausbildung des Pferdes

einzurichten. Ein Großteil der Pferde findet sich sehr schnell und ohne Widersetzlichkeiten mit dieser Aufgabe ab. Vor allem dann, wenn sich der Reiter dieses psychischen und physischen Vorgangs im Pferd bewußt ist und seine Einwirkungen korrekt und bestimmten physikalischen Gesetzen entsprechend anwendet. Es wird aber selten bedacht, daß manche Verhaltensarten des Pferdes, die einem Reiter zu einem viel späteren Zeitpunkt echte Probleme bereiten können, ihre Ursachen in einem falschen Verhalten des Menschen in diesen ersten Tagen und Wochen haben.

Ein gedankenloses Verhalten dieses »Reitergewichts« oder Einwirkungen mit Zügel oder Schenkel, die, statt das Pferd in diesen schwierigen Anfangsphasen zu unterstützen, nur menschlich-selbstherrliche Formen annehmen und vom Pferd nicht verstanden werden können, können solcherart psychologische Wunden schlagen, die beim Pferd bekanntlich eine weitaus längere Heilungsdauer brauchen als körperliche.

Andererseits aber kann ein sachkundiges, mit entsprechendem Einfühlungsvermögen gekoppeltes Reiterverhalten wiederum oft sehr schnell dem Pferd seine ursprüngliche unbefangene Bewegungsmanier zurückgewinnen helfen und manche Probleme erst gar nicht aufkommen lassen.

Es soll hier nicht auf die unterschiedlichen Methoden eingegangen werden, die sich für die ersten Anfänge als geeignet erweisen. Sie verlangen allesamt eine gewisse Routine oder, wenn diese fehlt, viel Selbstvertrauen! Ebensowenig sollen hier »Schablonen« hinsichtlich des Zeitablaufs angeboten werden. Ein gewisses Fingerspitzengefühl wird leichter das Richtige treffen lassen, als dies wahrscheinlich die besten Anpreisungen vermöchten.

Ein Grundsatz allerdings gilt für die gesamte Pferdeausbildung: *Das Pferd solle so wenig wie möglich die »dirigierende Hand des Menschen« erkennen, sondern der Reiter sollte immer trachten, alle seine Einwirkungen so geschickt in den Ablauf der Pferdebewegung einfließen zu lassen, daß dieses erst gar nicht den Eindruck einer »Fremdeinwirkung« empfindet.*

Dieser Grundsatz sollte sich wie ein roter Faden durch die gesamte Ausbildung ziehen, und man wird dann besonders in Augenblicken, in denen es im überragendem Maß auf die Mitarbeitsbereitschaft des Pferdes ankommt, daraus großen Nutzen ziehen können.

Wer sich mit dem Pferdeverhalten einmal etwas näher auseinandergesetzt hat, wird festgestellt haben, daß ein Großteil der Aufregungen und die in ihrem Gefolge auftretenden Probleme hauptsächlich auf Verhaltensweisen des Reiters zurückzuführen sind. Entweder, weil sie das Pferd die eigene Unsicherheit spüren lassen oder weil sie sich in Fehleinwirkungen niederschlagen, die in der Regel den gleichen Effekt zur Folge haben, nämlich einen Aufregungszustand des Pferdes.

*Das Pferd als Herdentier folgt entweder seinen eigenen triebgesteuerten Impulsen oder verläßt sich auf die Steuerung durch das »Leittier«.* Daß dem Menschen diese »Leittier-Funktion« oft gar nicht oder doch nur mit mittelmäßigem Erfolg gelingt, erleben wir immer wieder. Große gemeinsame Leistungen hängen aber in sehr hohem Maße von dieser Fähigkeit ab.

Da unsere einzige Verständigungsmöglichkeit mit dem Pferd auf den »reiterlichen Einwirkungen« fußt, muß dieses sehr bald diese Einwirkungen verstehen lernen. Verständigungsschwierigkeiten, wie sie anfangs logischerweise immer wieder auftreten, dürfen nicht gleich mit »Gewalt« überwunden werden. Eine entsprechende Geduld und die Fähigkeit, andere Wege zu finden, ja selbst vor Umwegen nicht zurückzuschrecken, zählen zu den wertvollsten Eigenschaften des denkenden Reiters.

Sehr früh aber wird man andererseits unterscheiden können müssen, ob hier ein Nichtverstehen oder ein Nichtwollen vorliegt (die dritte Möglichkeit, daß es sich um ein Nichtkönnen handeln könnte, wollen wir in diesem Ausbildungsstadium nicht annehmen!). *Ein Pferd ist nie zu jung dafür, seinen Herrn zu respektieren.* Wer einmal Gelegenheit hatte, das Rangverhalten in einem Jungpferde-Rudel zu beobachten und zu studieren, wird mit Erschrecken erkannt haben, wie stümperhaft wir Menschen die uns übertragene Aufgabe des »Leittieres« absolvieren: *Alle unsere Reaktionen haben fast immer den Charakter der Bestrafung, wenn nicht gar Vergeltung, statt dem einer wirkungsvollen Belehrung.* Wir können dies nur mit unserem dem Tier weit unterlegenen Reaktionsvermögen entschuldigen.

Trotzdem müssen wir trachten, uns dieses für das Pferd gültigen Gesetzes über die Beachtung des höheren Ranges, so gut wir es vermögen, zu bedienen. Wem das besonders gut gelingt, der wird immer zu den begnadeten Pferdeleuten zählen, und er wird sicherlich die höchstmöglichen Leistungen aus seinem vierbeinigen Partner herausholen.

Man hat für die während der Grundausbildungsphase vom Pferd zu verlangende Bewegungsform im Trab- oder Galopprhythmus den Begriff »Arbeitsgang« geschaffen. Er entspricht der natürlichen, den Ganganlagen des Pferdes entsprechenden Bewegung »unter dem Reitergewicht«. Das Gleichgewicht, das jeder Vierbeiner während seiner Bewegung benötigt, um nicht zu fallen, kann in den Anfängen durch das ungewohnte Reitergewicht gestört sein. Es gehört daher zu den wichtigen Forderungen an den Reiter, der bisher ungerittene Pferde anzureiten hat, dieses Gleichgewicht durch Einwirkungen so wenig wie möglich zu stören und dem Pferd so bald wie möglich seine gewohnte Gangsicherheit zurückgewinnen zu helfen.

Da es sich bei den »Arbeitsgängen« um eine »naturbelassene« Gangmanier handelt, kann man zwar durch sinnvolle Gymnastizierung eine Steigerung der Kondition erreichen, die dem Gesamtorganismus, also sowohl seinem Muskel-, Sehnen- und Bänderapparat und der Konsistenz seiner Gelenke als auch Herz und Lunge zugute kommt, nicht aber eine »Verstärkung im klassischen Sinn«.

Jede übertriebene Forderung mit einer derartig falschen Zielsetzung muß das Pferd zu einer abnormalen (laufenden, den natürlichen Bewegungsadel des Pferdes störenden) Bewegungsmanier zwingen. Die Forcierung des Bewegungsablaufs besonders im Trab darf daher nie über ein Maß hinausgehen, das vom Pferd ohne Verlust des natürlichen Gleichgewichts, bei dessen Verteilung auf Vor- und Nachhand vorerst noch immer ein größeres Maß der Vorhand zufällt, verkraftet werden kann.

Dieses Gebot ist vor allem von jenen zu beachten, die mit ihrem Pferd auf dieser Ausbildungsstufe stehen zu bleiben gedenken oder sich einer Disziplin zuwenden, die vorrangig das Erreichen einer möglichst hohen Gesamtkondition verlangt. Man muß bedenken, daß durch diese ungleiche Verteilung des Pferde- und Reitergewichts für immer die Vorhand mehr belastet bleibt und daher jede Forcierung der Gänge auf das schon erreichte Gesamtkräftemaß abgestimmt werden sollte. Eine ungerechtfertigt verfrühte Forderung führt zum vorzeitigen Verbrauch und wird außerdem die Leistungsgrenze des Pferdes immer einengen. *Leistungen, die über die von der Natur gesteckten Grenzen hinausgehen sollen, bedürfen eines »ausbildnerischen Eingriffs des Menschen«, der mit einer »künstlichen Umformung« des Pferdes und einer vermehrten Aufgabenzuweisung an die wesentlich kräftigere Hinterhand verbunden ist.*

Diese »künstliche Umformung«, eine Tätigkeit, die in ganz kleinen Schritten begonnen werden muß und bis zur höchsten Vollendung eine jahrelange, konsequente reiterliche Mitwirkung verlangt, ist im Begriff »Versammlung« zusammengefaßt.

Wir stoßen hier schon sehr früh auf den wichtigen Begriff der »Biegung«. Kein Reiter kommt um sie herum. Nur wäre es nicht sinnvoll, hier mit komplizierten Anwendungsformen zu operieren, sondern, wie alles in der Pferdeausbildung, entsprechen auch diese Vorgänge ganz natürlichen Gesetzen, denen sowohl in ihrer Erfassung, wie auch in ihrer Anwendung völlig logische Erkenntnisse zugrunde liegen. Sie gilt es zu erkennen, sie sich zu eigen zu machen und mit Geduld und Überlegung anzuwenden.

Wenn in früheren Epochen ganze Lehrbücher allein über das Kapitel Biegung geschrieben wurden oder ihr zumindest ein sehr umfangreicher Platz im Ausbildungsgeschehen eingeräumt wurde, soll dies nicht kopfscheu machen und das Extrem zur Folge haben, dieser Materie zur Gänze aus dem Wege zu gehen.

Ebenso wie beim Menschen Schwierigkeiten bei der Bewegung des Körpers durch sinnvolles gymnastizierendes Üben am besten überwunden werden können, ist dies auf der gleichen Weise beim Pferd möglich. In beiden Fällen müssen schwierige Wirbel- oder Gelenksverbindungen verbessert oder diese überhaupt erst für ihre Aufgabe vorbereitet werden.

Im Zusammenhang mit der Biegung spricht man aber auch heute noch von einer »festen« und einer »hohlen« Seite und will damit zum Ausdruck bringen, daß dem Pferd die seitliche Biegung nach der einen oder anderen Seite leichter oder aber eben schwerer fällt. Die alten Reitmeister haben zur Behebung dieser »Mängel«, die ja in Wirklichkeit einfach »angeborene Gegebenheiten« sind, umfangreiche Korrekturpraktiken zu Papier gebracht, die nur für jemanden nachvollziehbar waren, der sich mit der gleichen Intensität wie der Schreiber mit dieser Materie befaßt hat.

Natürlich begegnet man heute selbstverständlich noch immer den gleichen »Schwierigkeiten« der ungleichen Biegefähigkeit. *Man braucht ihnen aber ohne gravierende Nachteile nur die Bedeutung beimessen, die ihnen tatsächlich auch zukommt.* Sie verlangen bei korrekter Einwirkung einfach eben mehr Geduld und gymnastizierende Übung, aber keineswegs »Sonderbehandlung«.

In diesem Zusammenhang sei auch gleich noch einmal der Grundsatz in Erinnerung gerufen, daß eigentlich keine Forderung, die der Mensch an das Pferd stellt, sofern sie nicht auf der

Ebene einer »Pudeldressur« liegt, diesem richtig schwer fällt. Was sie u. U. für das Pferd schwierig werden läßt, ist das schlechte Rhythmusgefühl des Menschen, der mit seinen Einwirkungen, die als Hilfen bezeichnet werden, entweder zu spät kommt, sie am falschen Platz oder falsch dosiert gibt und damit mehr stört als hilft.
*Statt »gebogen« wird aber heute vielfach »verbogen«. Jedes Zuviel hat aber den gleichen negativen Effekt wie ein Zuwenig.* Die vielen »verbogenen« Hälse sind die auffallendsten Beweise.
Vielleicht wäre für viele Reiter und Reiterinnen ein Nachdenkprozeß damit verbunden, wenn im reiterlichen Sprachgebrauch anstatt des Begriffs »Hilfen« derjenige von »Verständigungsmöglichkeiten« verwendet würde.
Unter Hilfen versteht man meist automatisch eine Ausführungsunterstützung, zu der die Hilfengebung zwar in einigen Fällen zu werden vermag, der weitaus größere Teil der Hilfengebung kommt jedoch einer »Befehlsübermittlung« gleich.
Die »Befehlsform« eines weitergegebenen Wunsches verlangt im Sinne des »kategorischen Imperativs« eine Ausführung ohne Widerrede. Daher wird mit seiner Verwendung im militärischen Sprachgebrauch auch stets eine kurze und klare Ausdrucksform gefordert, die weder eine verschiedenartige Auslegung, noch Widerstände gegen die Ausführung zuläßt.
*Beide Forderungen, nämlich eine »kurze« und »klare« Übermittlung des reiterlichen Wunsches, gelten auch für die Verwendung im reiterlichen Sprachgebrauch. Nie sollte das Pferd im Zweifel darüber gelassen werden, was der Reiter von ihm will.*

Dem widerspricht keineswegs, daß den »Befehl« Unterstützungshandlungen begleiten, die die Ausführung erleichtern, nicht jedoch durch eine unklare oder disharmonische Anwendung erschweren sollen.
Obwohl der »Befehl« im reiterlichen Sprachgebrauch ausschließlich durch physische Einwirkungen übermittelt wird, heißt das nicht, daß die Psyche des Pferdes nicht dadurch gleichzeitig angesprochen wird.
Man hat schon vor Tausenden von Jahren erkannt und versucht dies heute durch den Begriff der Verhaltensforschung dem Menschen (noch) näher zu bringen, daß die Einbeziehung des tierischen Geistesapparates nur Vorteile mit sich bringt. Man erreicht damit fast immer eine intensivere »Mitarbeitsbereitschaft« und stellt diese nicht selten zugleich auf eine »höhere Ebene«.
Eine rein physische Befehlsübermittlung, bei der die Psyche des Tieres bewußt unberücksichtigt bleibt, stumpft ab und »fordert« nur dessen körperlichen Kräfte. So verlangte z. B. die Verwendung des Pferdes als reines Arbeits-, Zug- oder Tragtier keine »geistige Mitarbeit«, und der Mensch machte sich auch gar nicht erst die Mühe, der Stimme und Peitsche noch andere Einwirkungsmöglichkeiten zuzugesellen. Welchen Einfluß dies im Laufe der Jahrhunderte auf den Intelligenzquotienten verschiedener Pferderassen hatte, ist allgemein bekannt. Und ebenso das Gegenteil.
Wünschen wir uns aber beim »Reitpferd« (oder »Fahrpferd«) eine solche Abstumpfung? Wollen wir die Apathie eines »sich mit seinem Schicksal als unbeachtetes Gebrauchsmittel« abgefundenen Weggefährten, dem man bereits an den Augen seine Apathie abzulesen vermag und der sich nur fallweise

durch einen »Ausbruch aus seiner Lethargie« für seine pferdeunwürdige Behandlung rächen kann?
*Um es noch einmal zu unterstreichen: Oberstes Gebot für jede Verständigungsform zwischen Mensch und Pferd muß sein, daß der »erteilte Befehl klar verstanden und auch ausgeführt werden kann«!*
Weil die Übermittlungsmöglichkeiten und -formen aber relativ begrenzt sind, wird es oft nur von deren modifizierten Anwendung abhängen, ob sie vom Pferd auch richtig verstanden werden. Nur der »Denkende Reiter« wird sich dieser »Modifizierungskunst« überhaupt bedienen können! Die ausgeprägteste Verständigungsform gipfelt in der »Reitkunst«!
Ein Reiter, der einem Denkeinsatz keine Befriedigung abzugewinnen vermag, kann es wahrscheinlich sogar bis zum »angesehensten Leitathleten zu Pferd« bringen, das wirkliche »Glück auf dem Rücken des Pferdes« aber wird er kaum empfinden, weil sich der »gelöst schwingende Rücken und vertrauensvoll in die Reiterhand hineinrundende Pferdehals« nur dem dafür empfänglichen Reiter mitzuteilen vermag.
Man sollte eigentlich glauben, daß die ausschließliche Freiwilligkeit, die Mensch und Pferd heute zusammenfinden läßt, die Sehnsucht nach höchster Verständigungsmöglichkeit mit einschließt, doch bietet der Reitalltag nur zu oft ein ganz anderes Bild.
Als Verständigungsmittel stehen dem Reiter außer einigen stimmlichen nur die durch Veränderung der Körperhaltung zu Pferd bzw. Gebrauch seiner Schenkel, Arme und Hände ermöglichten Einwirkungen zur Verfügung. So wichtig gerade die stimmlichen Einwirkungen entweder allein oder in Verbindung mit den körperlichen vor allem am Beginn und auch noch in der Fortsetzung der Ausbildung sein können, so muß man doch wissen, daß es eine Zeit geben wird, in der man sich ihrer nicht mehr bedienen darf (!) – und auch nicht mehr braucht. Sie dienen in erster Linie einer gewissen Vertrauensbildung gegenüber den körperlichen Einwirkungen. Ist dieses Vertrauen einmal vorhanden, können sie daher wegbleiben.
Daß ein Gewicht, wie es der Mensch in den Sattel bringt und vom Pferderükken getragen haben möchte, nicht völlig ohne Einfluß auf den Bewegungsablauf dieses Tieres sein kann, wird klar sein. Trotzdem, scheinen viele der Meinung zu sein, daß es sich bei diesem Pferderücken um eine so »feste, starre Brücke« handelt, daß ihr selbst die absonderlichsten Verhaltensweisen des Reitergewichts nichts anhaben können.
Dem ist aber nicht so. Schon allein der »Punkt« auf dem sich dieses Gewicht auf der »Brücke« befindet, vor allem aber, wie es sich verhält und wie harmonisch oder disharmonisch es seinen Platz wechselt, zwingt das Pferd zu ununterbrochenen Reaktionen. Eine »negative« ist z. B. der festgehaltene, eine »positive« der hergegebene, schwingende Rücken.
Aber auch die Gewichtsverlagerung zur Seite zwingt das Pferd zu Reaktionen, will es seine Bewegungsmanier beibehalten können.
Schon allein aus diesem einen Fall können wir ersehen, daß ein durch die Körperhaltung gegebene Einwirkung gleichzeitig »auslösender Befehl« wie ebenso »unterstützende Begleitmaßnahme« sein kann. Das Ziel einer sinnvoll-gymnastizierenden Ausbildung ist es, die Ausführung des Befehls immer

mehr und mehr von dieser unterstützenden Begleitmaßnahme unabhängig zu machen. Nie aber wird der Reiter von der harmonischen, auch noch bei feinster Dosierung vom Pferd als »Hilfe« empfundenen Einwirkung entbunden werden können.

Um nicht mißverstanden zu werden: Jede Ausführung von bisher Unbekanntem kann sowohl aus psychischen als auch aus physischen Gründen zunächst schwer fallen und damit beim Pferd Widerstände hervorrufen. Je behutsamer aber solche Schwierigkeiten und Widerstände überwunden werden, desto schneller geht dies in der Regel vor sich und desto seltener bleiben davon »Narben« zurück. Gerade ein Pferd, dessen »Langzeit-Erinnerungsvermögen« allgemein bekannt ist, ist für Einwirkungen mit zurückbleibenden Narben sehr anfällig, und man bekommt nicht selten zu einer Zeit, zu der man nicht mehr damit rechnet, eine unerwünschte Rechnung präsentiert.

Von der Zeit an, da das Pferd vom Menschen zum Kampfgefährten gemacht wurde, wurde seinem Sitz zu Pferde höchste Aufmerksamkeit zugewendet. Nur ein in seinem Bewegungsrhythmus nicht gestörtes Pferd konnte auch oft nur angedeutete »Befehle« ausführen. Wären diese Befehle unverstanden geblieben oder wäre es vor ihrer Ausführung zu »internen Kämpfen zwischen Reiter und Pferd« gekommen, wäre ein »gemeinsames Handeln nach außen« unmöglich gewesen.

Die Erhaltung der Stabilität der Körperhaltung zu Pferde in allen Gangarten und bei wechselnden Tempi erreicht man sicher nicht in wenigen Reitstunden, sondern sie verlangt härteste Konzentration ein ganzes Reiterleben lang. Methoden jedoch, wie sie heute vielfach zur Formung des Sitzes angewendet werden, entbehren nicht nur der (lebens-)wichtigen Hinweise für den Erwerb, sondern sie tragen einen so hohen Grad von Verantwortungslosigkeit in sich, daß einem manchmal angst und bange wird, wenn man sich im Geist vor Augen führt, welche Hilflosigkeit den Pferdekräften gegenüber man damit erzeugt.

Das Zusammentreffen zweier so unterschiedlicher Kräftekonstellationen hat zu allen Zeiten Gefahrenmomente im Gefolge gehabt. Die Reitkunst bestand daher in erster Linie im gefestigten reiterlichen Vermögen der höchstmöglichen Beherrschung der überlegenen Pferdekräfte. Erst die erkennbare »Unterordnung« dieses starken Tieres unter die vom überlegenen Geist des Menschen gesteuerten Einsatz seiner eigenen Körperkräfte hat den Menschen auf das Podest des »Reitkünstlers« gehoben und ihm eine relativ hohe Macht über das Pferd verliehen.

*Der Grad dieser Kunst wurde nie am Schwierigkeitsgrad der gezeigten »Hufschlagfiguren« gemessen, sondern an der erkennbaren »Rollenverteilung« zwischen Reiter und Pferd.* Erst die Anerkennung und ein damit verbundener Respekt vor dem Ranghöheren wird das Maß der Situationen, in denen das Pferd trotz hervorragendster Ausbildung »außer Kontrolle« gerät, auf eine vertretbare Menge reduzieren und selbst noch in diesen Situationen dem Menschen die Möglichkeiten an die Hand geben, das Pferd in Sekundenschnelle auf den Weg des »Gehorsams« zurückzuführen.

Und weil der Reiter jeder kritischen Lage, die durch eine unerwartete Bewegungsform des Pferdes entstehen kann, mit dem Gesäß im Sattel zu begegnen pflegt, muß dieser Art des »Sitzes« auch das Hauptaugenmerk am Beginn der reiterlichen Ausbildung zugewendet werden. Der »leichte Sitz« oder in abgewandelter Form auch als »Entlastungssitz« bezeichnet, dient, wie es diese Bezeichnung bereits sagt, vorrangig der Entlastung des Pferderückens. Eine solche Entlastung ist bei jungen Pferden oder in bestimmten Phasen des Pferdeeinsatzes angebracht. Diese Aufgabe obliegt aber nicht dem Reitschüler. Übt man diesen Sitz mit dem Reitschüler daher in der Absicht, diesen möglichst bald für einen »Ausritt reif zu machen«, kann darin nur eine arge Sorglosigkeit, ja Unverantwortlichkeit des Ausbilders gesehen werden. Erst wenn der Reitschüler seinen stabilen Sitz in allen Bewegungsabläufen, wozu auch unmotivierte Eruptionen gehören müssen, beizubehalten vermag, wird man den »leichten Sitz« ins Ausbildungsrepertoire für den Reitschüler aufnehmen dürfen.

Junge Pferde können nicht vom Reitschüler ausgebildet werden. Dabei würde entweder die Ausbildung des Reiters oder die des Pferdes auf der Strecke bleiben!

*Jede Bewegung auf gebogenen Hufschlaglinien verlangt zunächst einmal ein in sich gerade gerichtetes Pferd.* Entzieht es sich durch eine nachteilige Schiefe, die natürliche, aber auch künstlich vom Reiter bewirkte Ursachen haben kann, seiner »Tragepflicht«, wird das Gleichgewicht gestört, und damit geht die davon abhängige Selbsthaltung (die wichtigste Voraussetzung eines kadenzierten Ganges) verloren.

*Unruhige Hälse und Köpfe werden häufig ganz falschen Ursachen zugeschrieben. Der Beweis dafür ist die »Flucht in den Hilfszügel«.* Die Fälle, in denen heute noch unglücklich gebaute Ganaschen, zu dicke, kurze Hälse oder andere »Gebäudemängel« als Gründe ins Feld geführt werden können, sind so selten, daß sie fast nicht mehr erwähnenswert sind.

Man sehe sich doch einmal die Gebäudekorrektheit fast aller Reitpferderassen an und wundere sich dann aufrichtig darüber, daß es im Zuge der Ausbildung so viele Schwierigkeiten gibt. Jeder nur einigermaßen mit der Theorie des Bewegungsablaufes Vertraute müßte dann sehr bald auf den alten Grundsatz stoßen, daß die überwiegende Menge der Schwierigkeiten bei der Genick- und Halsformung nicht dort gesucht werden sollten, wo sie sich zeigen, sondern in der mangelnden Kraft der Hinterhand (verbunden mit einem schlechten Sitz des Reiters).

*Diese Tragkraft der Hinterhand stellt den wichtigsten Schlüssel für die gesamte Ausbildung dar.* Erst wenn sie in genügendem Maße vorhanden ist, fällt dem Pferd die Bewegung unter dem Reiter leicht, und die von diesem gestellten Anforderungen erhalten somit den gewünschten Ausdruck der »Leichtigkeit und Eleganz«, was zusammengefaßt als »Kadenz« bezeichnet wird.

Am einfachsten erklärt man diesen Begriff mit der vergleichenden Heranziehung des menschlichen Ganges. Je besser der Mensch sein Gewicht während des Vorwärtsschreitens auszubalancieren vermag (was in der ausgeprägtesten Form beim Tänzer zu sehen ist), desto eleganter (kadenzierter) ist sein Gang. Er vermag sich für einen verlängerten Augenblick auf einem Bein auszubalancieren.

*Auch für den kadenzierten Trab oder Galopp des Pferdes braucht man die-*

ses ausgeprägte Balancevermögen. Ohne dieses werden diese beiden Bewegungsarten des Pferdes »hölzern und unelegant«, und selbst die attraktivsten Hufschlagfiguren verlieren den Ausdruck ästhetischer Leichtigkeit.

Dieser Mangel an Kadenz, der scheinbar niemanden echt zu stören scheint, ist sicher mit ein Grund, daß selbst höchste Dressurleistungen nicht den gewünschten Anklang beim Betrachter finden. Ein Hinweis auf den Grund erzeugt aber nicht schuldbewußte, sondern nur Gesichter, in denen sich Unverständnis spiegelt.

Der Begriff »Kadenz« wurde aus dem Gebiet der Musik entlehnt. Wie er in die Reitersprache geraten ist, wird kaum eruierbar sein. Man könnte allerdings denken, daß man als Abschluß der Ausbildung der Gangmanier des Pferdes die besondere rhythmische Eleganz gewünscht hat.

*Diese heute anzutreffende mangelhafte Würdigung der Kadenz zeigt den eigentlichen Unterschied zwischen der Ausbildungsrichtung von »gestern« und »heute« auf. Viel zu selten wird das Pferd heute noch reell ausgebildet, sondern viel häufiger auf die ihm abverlangte Aufgabe »hindressiert«.*

*Die Ausbildung verlangt zunächst häufig vom Pferd eine Leistung, die ihm auf Grund der noch fehlenden vollen körperlichen Voraussetzung unangenehm sein kann und die es oft nur widerwillig ausführt. Der Ausbilder wird sich daher anfänglich mit wenigem zufriedengeben und damit vermeiden, daß sich das Pferd in eine Ausführung flüchtet, die den Schein der Erfüllung in sich trägt, wenngleich der eigentlich angestrebte Zweck dadurch nicht erfüllt wird. Dem Pferd wird eine solche Flucht umso mehr erleichtert, je weniger der Ausbilder den eigentlichen Zweck des Verlangten kennt und das Verlangen nicht aus der subjektiven Einschätzung des Notwendigen erwächst, sondern reine Schablone darstellt.*

Die Psyche des Tieres kann hier eine positive wie ebenso negative Bedeutung erhalten: Hat das Tier erkannt, daß es für einen besonderen Eifer bei der Mitwirkung belohnt wird, wird es diesen Eifer fleißig zeigen, auch wenn die Ausführung im Prinzip nicht dem Zweck entspricht. Dient der Eifer aber der korrekten Ausführung, ist dies sehr begrüßenswert. Ein guter Ausbilder muß sich daher immer darüber im klaren sein, ob er diese Mitarbeit annehmen oder ablehnen muß.

*Hat sich einmal eine »erleichterte Ausführung«, für die es vielleicht sogar noch belohnt wird, in die Psyche des Pferdes eingegraben, ist sie nur äußerst schwer noch abzustellen, weil eine »Korrektur« dann oftmals schon als Strafe empfunden wird.*

*Geht man also gezielt an die in der zweiten Ausbildungsphase auf den Ausbilder wartenden Aufgaben heran, wird man sich noch einmal Rechenschaft darüber ablegen, ob die in der ersten Phase zu schaffenden Voraussetzungen gegeben sind. Ihre wesentlichen sollen daher noch einmal zusammengefaßt werden:*

☐ Jede unbekannte Forderung, die an ein Fluchttier wie das Pferd gestellt wird, erzeugt zunächst einmal Argwohn, der sich in den verschiedensten Formen zeigen kann: Aufregung, Angst mit und ohne Widerstand und schließlich »Durchdrehen«. Beim jungen Pferd kommen noch psychologische Momente hinzu, vor allem dann, wenn es bislang den Menschen noch nicht genügend »schätzen« und »verkraften« gelernt hat.

## Die Grundausbildung des Pferdes

Grundsätzlich sind diese Zustände aber meist sehr bald überwunden. Nachteiliger ist, wenn das Pferd mit seinen »Abwehrreaktionen« mehrere Male Erfolg hatte und diese Vorteile gleich erkannt hat.

Hier gewinnt der alte pferdepsychologische Grundsatz höchste Bedeutung, daß sich das Herdentier auf die Dauer nur dem Stärkeren beugt. Jedes verlängerte Zuwarten steigert das Pferd selbst in eine »Führerrolle« hinein und wird den Prozeß der Rückführung auf die richtige Ebene erschweren und hinauszögern.

☐ Das ungewohnte Gewicht auf seinem Rücken macht es dem Pferd zunächst noch schwer, seine gewohnte natürliche Bewegungsmanier wieder zurückzugewinnen. Je weniger in dieser Phase die reiterlichen Einwirkungen vom Pferd als »Fremdeinwirkung« empfunden werden, desto weniger Widerwillen kann das Pferd entwickeln.

Besonders das Reiten auf gebogenen Linien, was auf keinen Fall übertrieben werden darf, soll mit entsprechendem Gefühl erfolgen. Der Grundsatz, daß jede Einwirkung in Augenblicken, in denen das Pferd schon die für das Gehen auf gebogenen Linien notwendige Haltung gefunden hat, zu spät kommt und daher störend wirkt, gilt ganz besonders in diesem Anfangsstadium.

Daß in diesen Anfängen nicht auf Biegung oder Stellung Rücksicht genommen werden braucht, wird verständlich sein. Hier muß sich das Pferd selbst die Haltung wählen können, in der es sich am wohlsten und sichersten fühlt. Ähnliches gilt für die Tempowahl. Es wäre grundverkehrt, würde man in solchen Momenten schon eine »treibende« Einwirkung spüren lassen. Mit Ausnahme der Gangart (es wird sich vorwiegend nur um Schritt oder Trab handeln) wird alles zunächst einmal dem Pferd selbst überlassen.

☐ Aber weder die psychische noch physische Konstitution machen eine übertriebene Ausdehnung dieser Anfangsphase der Grundausbildung notwendig. Der Reiter wird den Augenblick erfühlen müssen, der anzeigt, daß sich das Pferd ohne weitere Aufregung mit den Anforderungen abgefunden hat.

*Von diesem Moment an wird das Pferd mit den über das Gewicht hinausgehenden Einwirkungen von Zügel und Schenkel allmählich bekanntgemacht werden müssen.* Auch die Gerte gehört dazu. Ihre Funktion ist sogar in dieser ersten Phase wichtiger als der Schenkel, nur sollte ihr Einsatz vorrangig in der Schultergegend erfolgen, weil die Vorhand die »tragende Partie« ist und eine Veränderung des Bewegungstempos zunächst dort umgesetzt werden muß, jede Aufforderung an die Hinterhand dagegen zu Aufregungen führen wird.

☐ Der innere Zügel ist zunächst das »Lenkinstrument«. Man muß sich aber darüber im klaren sein, daß man mit seiner Hilfe nur dann etwas erreichen kann, wenn das Pferd von sich aus mit einer Wendung oder einem Abbiegen »einverstanden« ist. Der Zügel hat in dieser Phase somit in erster Linie die Funktion des Aufmerksammachens, die benötigte Haltung muß sich das Pferd selbst suchen. Je länger daher im Zügelanzug »verharrt« wird, desto mehr geht die Haltung verloren, in der es der Aufgabe nachzukommen vermag (eine der Fliehkraft folgende Außenschulter wird eine Wendung oder ein Abbiegen so gut wie unmöglich machen. Man kann dies erst wieder über ein »Zwischen-Geraderichten« ermöglichen).

☐ Schenkel- und übertriebene Gewichtseinwirkungen dürfen in dieser Phase ebenfalls nur mit Gefühl, dem Temperament und der Sensibilität des Pferdes entsprechend eingesetzt werden. Schenkelempfindliche Pferde sind etwas langsamer, aber doch mit einem entsprechenden Beharrungsvermögen damit vertraut zu machen. Ein ständiges Zurückschrecken vor den Reaktionen des Pferdes würde sich nur negativ auf dessen Psyche auswirken.

☐ Der Großteil der Grundausbildungsphase muß aber bereits der Kräftigung der Muskulatur und des Gelenkstützungsapparates (Sehnen und Bänder) dienen. Dabei müssen zwei Gesichtspunkte beachtet werden: Es darf einerseits keine Überforderung des Gebäudes und seines Stützmechanismus erfolgen, andererseits aber muß die Formung dieses Stützapparates in der Grundausbildung des Pferdes gleich so richtig erfolgen, daß eine spätere Umformung nicht mehr notwendig wird.

Wer einmal »verrittene Pferde« zu korrigieren hatte, wird wissen, wieviel schwere, geduldige und trotzdem oft unbedankte Arbeit notwendig ist, um solche Sünden wieder gutzumachen.

☐ Der heute für den Reitsport bevorzugt verwendete Warmblüter, dessen Zuchten weitgehend nivelliert sind und daher kaum eine unterschiedliche Aufbauphase verlangt, wird zwischen drei und vier Jahren angeritten. Das Pferd hat in diesem Alter sein »erwachsenes Aussehen« erreicht, und die Gebäudemaße ändern sich in den folgenden Jahren kaum mehr wesentlich. Weil sich aber die Konsistenz des Gelenk-, Muskel- und Bänderapparates zu diesem Zeitpunkt noch in einem Stadium befindet, wie es dem eines heranwachsenden jungen Menschen entspricht, dessen Wachstumsphase zwar weitgehend abgeschlossen ist, die Festigungsphase aber noch hinterher hinkt, muß die erwünschte (sportliche) Betätigung auf eine Art erfolgen, daß sie keinen Schaden anzurichten vermag. Eine Vernachlässigung ist somit zu dieser Zeit genau so nachteilig wie eine Übertreibung.

Der Ausbildungsablauf und -fortgang wird beim Pferd aber nicht nur von seiner körperlichen Voraussetzung, sondern auch von seiner geistigen bestimmt. Hier spielen Rasseunterschiede schon eine etwas größere Rolle. Man spricht zwar sehr selten von der »Pferdeintelligenz«, benötigt sie aber doch ununterbrochen, und ihr unterschiedliches Vorhandensein bestimmt sehr wesentlich Fortgang und Erfolg.

Das bei jungen Pferden öfters anzutreffende Phlegma muß nicht immer der Ausdruck begrenzter Intelligenz sein, sondern ist manchmal noch auf die »jugendliche Unbekümmertheit« zurückzuführen, die im Wechsel mit Momenten auftretender Schreckhaftigkeit feststellbar sein kann.

☐ Erkennt man aber, daß es sich um Merkmale deutlichen Desinteresses, also einer anlagebedingten verminderten geistigen Mitarbeitsbereitschaft handelt, sollte auch auf diesem Gebiet eine Förderung einsetzen.

Wann der Zeitpunkt dafür angemes-

## Die Grundausbildung des Pferdes

sen ist, kann nur im einzelnen bestimmt werden. Hier kann nur grundsätzlich auf die Notwendigkeit eines solchen Einsatzes hingewiesen werden. Besonders wer sein Pferd für höhere Aufgaben auszubilden gedenkt, muß dieser geistigen Mitarbeitsbereitschaft frühzeitig sein Augenmerk zuwenden.

Die »Handarbeit« ist dafür ein überaus geeignetes Mittel. Die für sie geltenden Grundsätze und Ausführungshilfen werden später besprochen, hier soll nur angedeutet werden, daß die stark verbreitete Ansicht, man dürfe damit erst in einem sehr viel späteren Ausbildungsstadium beginnen, keineswegs das Recht eines feststehenden Grundsatzes für sich in Anspruch nehmen darf. Handarbeit ist ja nicht ausschließlich auf das Erlernen der Piaffe ausgerichtet, sondern sie weist eine Fülle von Vorzügen auf, die sich vorteilhaftest schon in einem sehr frühen Ausbildungsstadium verwenden lassen.

Mit dem Verzicht ihrer Verwendung sind somit nicht nur die Kenntnisse über die anzuwendenden Praktiken, sondern auch das Wissen um ihre zeitliche Anwendung verloren gegangen, obwohl jedem Freund von Reitliteratur weiter zurückliegender Zeiten kunstvolle Darstellungen davon entgegenspringen.

☐ Die für die Grundausbildung anzusetzende Zeitspanne wird sich aus mehreren Komponenten feststellen lassen: Hier spielt zunächst einmal das Alter des Pferdes eine wichtige Rolle. Beginnt man mit dreieinhalb Jahren oder noch früher, wird man diese Zeitspanne nie unter ein bis anderthalb Jahren ansetzen dürfen. Hat man später begonnen, zählt mehr das erzielte Ergebnis. Für die Beurteilung dieses »Ergebnisses« bediene man sich zweier Anhaltspunkte: *Man muß die Kraft, die durch diese Gymnastizierungsphase in die Hinterhand »eingezogen« ist, bereits spüren können,* und *Widerstände gegen Anforderungen dürfen nicht mehr aus dem »Nichtkönnen«* – also einer körperlichen Schwäche – *entstehen, sondern müssen schon mehr gewissen psychischen Anlässen oder einem ganz normalen »Nichtwollen«, wie sie jedem Neuen gegenüber ganz selbstverständlich auftreten, zuzuzählen sein.*

☐ Um ersteres »erfühlen« zu können, bedarf es sowohl eines durch theoretisches Wissen untermauerten Gefühls, aber ebenso eines geschulten Blicks, der die Gangmanier abzuschätzen und einzustufen vermag. Schleppende Tritte, die noch dazu eine ständige zusätzliche Aufforderung benötigen, sind sowohl spür- als auch erkennbar.

Das gleiche gilt für einen schwer auf der Hand liegenden Kopf. Unruhige Hälse, dauernde Haltungs- und unbeabsichtigte Tempowechsel sind meist schon schwieriger einzuordnen und zu diagnostizieren. Wer aber das als untrügliches Zeichen eines Ausbalancierenkönnens geltende »Hineinfedern in die Reiterhand« bereits zu spüren vermag, wird damit ein wichtiges Kriterium einer erfolgreichen Grundausbildung besitzen.

Ein noch nicht ausbalanciertes Pferd wird noch keine »tretende« Trabbewegung zeigen können. Eine solche Bewegung könnte in der Form definiert werden, daß sich ein Pferd dabei bewußt mit jedem Hinterbein federnd abstößt, wogegen ein Pferd,

dem die Kraft dazu noch fehlt, die Hinterbeine fast sichtbar »nachschleppt« und jeder vermehrten Anforderung nur (davon-)»laufend« nachkommt. Ein weiterer Aufbau auf einer derartigen Grundlage ist erfolglos.
Mit falsch angewendeten »Zügelhilfen« und einem vielleicht auch noch am falschen Platz wirkenden Schenkel, vor allem aber durch einen Sitz, der den Gesetzen der Physik entgegenwirkt, wird häufig dem Pferd eine falsche Stellung aufgezwungen. Jede Verbiegung im Hals oder jede andere Einwirkung, mit der das Gleichgewicht des Pferdes gestört oder u. U. sogar gefährdet wird, zwingt dieses zur Einnahme einer »Konterstellung«, um diese unmotivierte Einwirkung überhaupt verkraften zu können. Die meisten Pferde lassen sich solche Eingriffe gefallen und helfen sich mit der Konterstellung, bei einem Teil aber wird es zu Widersetzlichkeiten kommen.
Die für die richtige Stellung benötigte Biegung darf nie zu einer Verbiegung werden!

☐ Der Übergang von der Grundausbildung zur nächsten Stufe wird ungeachtet der »formellen Abschnittsgliederung« immer ein fließender sein. Wenn aber die Zeichen der Kraft, wie federndes Treten, schwingender Rücken und weiters die Beachtung von Hand, Schenkel und Gewicht feststellbar sind, darf man mit dem bisher Geleisteten zufrieden sein.

☐ Die große Aufgabe erwartet Pferd und Ausbilder in der zweiten Ausbildungsphase (früher Campagneschule genannt). Mancher Reiter wird sich damit zufrieden geben und trotzdem schöne Stunden mit einem Pferd, das über eine »solide Grundausbildung« verfügt, erleben.

☐ Jeder Aufstieg in eine höhere Stufe, ohne daß die vorausgegangene mit Erfolg absolviert worden wäre, muß neben den vielen anderen Nachteilen auch als Selbstbetrug angesehen werden, der sich mit Sicherheit im Turniergeschehen niederschlagen wird: »Andressierte« Ausführungsmomente können niemals die gleiche Qualität wie solche aufweisen, die in einer konformen Ausbildung gewachsen sind. Dazu kommt, daß die Systematik vieler Ausbildungsgrundsätze mit Sicherheit einen höheren Erfolg garantiert, als die nach eigenem Gutdünken zusammengestellten Praktiken. Die Beschäftigung mit dem notwendigen Maß an Theorie als Voraussetzung für den richtigen Ausbildungsaufbau macht sich nicht nur bezahlt, sondern vermag auch jedem, dem eine kreative Leistung etwas zu geben vermag, Erfüllung zu sein. Die Ausbildung eines Pferdes birgt eine Fülle befriedigender Momente in sich, die die mit ihr verbundenen körperlichen und geistigen Anstrengungen mit Sicherheit leicht aufwiegen – wenn der Mensch diese Aufgabe einmal mit anderen Augen zu sehen bereit ist. Demjenigen, der im Zeitraffertempo nur einem Endziel zustrebt, ohne sich sinnvolle Etappenziele zu stecken, wird dies allerdings nicht gelingen.

# Die »höhere Campagneschule« als Basis für die Hohe Schule

Nicht umsonst hat man in der älteren Nomenklatur der zweiten Ausbildungsstufe den Namen CAMPAGNESCHULE gegeben. Damit wurde der mit dieser Ausbildung verfolgte Zweck bereits deutlich zum Ausdruck gebracht: In ihr sollte das Pferd eine Reife erfahren, die dem Reiter dessen Verwendung in allen damals dem Pferd zugeordneten Aufgaben möglich machen sollte. Dazu zählte die Verwendung im Militärwesen wie auch als Sport- oder Jagdpferd. Aber auch das für eine höhere Dressurausbildung bestimmte Pferd brauchte diese Campagneschule als wichtige Basis. Sie wird daher in vielen grundlegenden Lehrbüchern als unverzichtbare Voraussetzung für die Erreichung höher gesteckter Ziele angesehen.

Obwohl man natürlich die Anlagen für eine später beabsichtigte »Spezialisierung« bereits zu einem viel früheren Zeitpunkt testen wird, sollte man von einem »Dressurpferd« im heutigen Sinn erst von dieser Stufe aufwärts sprechen. *Die Rittigkeit eines L-Dressurpferdes sollte nämlich auch das gute Spring- und vor allem Vielseitigkeitspferd auszeichnen.*

Diese Rittigkeit ist also das Ziel der Campagneschule. Das äußere Erscheinungsbild eines »rittigen« Pferdes gibt dem aufmerksamen Betrachter bereits wertvolle Hinweise auf das anzustrebende Ziel und kann ihm gleichermaßen auch immer als Prüfstein für erreichte Zwischenziele dienen: Einen unnatürlich vorgestreckten Hals, einen deutlich herausgedrückten Unterhals wie auch einen weggedrückten, also abgesenkten Rücken wird ein solches Bild sicher nicht zeigen. Damit hat eigentlich jeder bildende Künstler instinktiv jene Kriterien erfaßt, die zusammengefaßt alles aussagen, was durch die Ausbildung erreicht werden soll.

Ist man gezwungen, diese Kriterien in Worte zu fassen, tut man sicher gut daran, alle überflüssigen Erläuterungen, wenn sie nicht der Verständlichkeit dienen sollen, sondern diese eher gefährden, wegzulassen.

Mußten wir in den Wochen und Monaten der ersten Grundausbildung manche selbstgewählte Haltung gestatten, war die Fortsetzung bereits von reiterlichen Einwirkungen durchsetzt, die für das Pferd Zwang bedeuteten und es mit dem Begriff »Gehorsam« konfrontierten. In der Campagneschule muß dieser Gehorsam bereits zum dominierenden Verhältnis zwischen Ausbilder und Pferd werden. Würde man nämlich versäumen, die mit der Ausbildung wachsenden Kräfte der Hinterhand rechtzeitig unter Kontrolle zu bringen, würde man dem Ungehorsam Tür und Tor öffnen.

Eine wichtige Voraussetzung dafür ist die Formung des Pferdekörpers, um den Forderungen nach Biegung oder Stellung überhaupt nachkommen zu können. Diese Formung muß alle Gelenksverbindungen ebenso umfassen wie deren aus Sehnen und Bändern bestehenden Stützapparat und schließlich die wichtigen Muskelpartien.

Wenn auch die einzelnen Teile des Pferdekörpers gesondert behandelt werden müssen, verlangt deren Abhängigkeit von einander, daß man immer den Gesamtbewegungsablauf vor Augen hat. Nicht selten nämlich sind die verantwortlichen Muskelpartien ganz woanders zu finden als man sie sucht.

Vergegenwärtigt man sich z. B. den Weg, den der von einem Zügelanzug bewirkte Impuls zurücklegt, bis er den Punkt erreicht, an dem er die gewünschte Wirkung erzeugen soll, wird man auf Zusammenhänge stoßen, die uns Sinn und Reihenfolge dieser Formung aufzeigen.

Auf Grund feststehender physikalischer Gesetze ist das Pferd gezwungen, in erster Linie die Einwirkungen des Reitergewichts auszubalancieren, wenn es während der Bewegung nicht zu Fall kommen soll. Der Reiter hilft ihm dabei am besten durch einen stabilen ruhigen Sitz möglichst über dem Schwerpunkt des Pferdes. Das dadurch bewirkte Zusammentreffen des menschlichen Schwerpunktes mit dem des Pferdes auf einer gemeinsamen Schwerlinie ermöglicht dem Vierbeiner Pferd einen nie gefährdeten Bewegungsablauf, der dann nur einer durch den Zügel eingeleiteten und die Fortsetzung bestimmenden Andeutung bedarf. Obwohl die Ausführung des Reiterwunsches stets Sache des Pferdes bleibt, spricht man dennoch von »Hilfen«. Eine Einwirkung verdient aber nur dann diese Bezeichnung, wenn sie rechtzeitig und am richtigen Platz gegeben, das Pferd auf den Reiterwunsch aufmerksam macht, so daß diesem noch genügend Zeit bleibt, die »eigenen Vorsorgen für die Durchführung zu treffen«.

Damit ist aber gleichzeitig gesagt, daß für dieses Aufmerksammachen eigentlich gar keine kraftmäßig übertriebenen Einwirkungen notwendig wären. Daß diese aber in gewissen Ausbildungsstadien trotzdem oft viel Kraftaufwand vom Reiter verlangen, hat einen ganz anderen Grund: Schwierige Wirbelverbindungen, gravierende Gebäudeschwächen oder -mängel oder ein allzu straffes Muskelgeflecht können einem Pferd bestimmte Anforderungen, wie das Gehen auf gebogenen Linien, eine gewünschte Biegung oder Stellung und dergleichen schwer machen, so daß es zunächst einmal versucht, diesen Forderungen mit den eigenen (überlegenen) Kräften entgegenzuwirken. Die gymnastizierende Bearbeitung dieser Schwächen und ihre schließliche Behebung ist somit eine der Hauptaufgaben der Ausbildetätigkeit und das Erreichen einer Durchlässigkeit, die bereits mit feineren Einwirkungen das Auslangen findet, das Ziel.

Genick, Hals und Rücken sind die Wegabschnitte, durch die die Zügelanzüge den damit verbundenen Impuls bis zu den Hinterbeinen durchzuleiten haben. Gibt es auf diesem Weg eine Unterbrechung, bleibt der Zügelanzug »stecken« und verliert damit seine Wirkung.

## Die »höhere Campagneschule« als Basis

Wie aus allen älteren Lehrbüchern entnommen werden kann, mußte der Genick- und Halsbiegung, als den ersten Stationen der Biegearbeit, um vieles mehr Ausbildetätigkeit gewidmet werden, als dies heute notwendig ist. Fast alle Warmblutzuchten, die dem Reiter das heute begehrte Sportpferd zur Verfügung stellen, haben durch hervorragende Selektion viele der früher häufig anzutreffenden weniger günstigen Voraussetzungen eliminiert. Die anatomischen Anormalitäten, die eine korrekte Beizäumung so schwierig machten, wie unglückliche Genickverbindungen, Ganaschenzwänge oder eingeklemmte Ohrspeicheldrüsen, sind heute zur ausgesprochenen Seltenheit geworden und kommen nur noch vereinzelt bei bestimmten Pferderassen vor. Auch der Hals, der ja nicht nur Träger des Kopfes, sondern außerdem ein ganz wichtiger Stabilisator des Ganges ist, hat heute durchwegs jene Form, die seine für die Reitzwecke notwendige Ausformung zu keinem Problem mehr machen.

Diese dem ausbildenden Reiter weitgehend entgegenkommenden Voraussetzungen können sogar schon entgegengesetzte Folgen nach sich ziehen: Eine zu bereitwillig angebotene Nachgiebigkeit im Genick kann einen unaufmerksamen Reiter sehr schnell dazu verleiten, ein solches Angebot anzunehmen und eine damit verbundene sehr nachteilige unnatürliche Verkürzung des Halses zuzulassen.

*Die Verkürzung des Halses als Resultat von Aufrichtung und Beizäumung muß immer Hand in Hand mit dem Heranschließen der Hinterhand gehen.* Entzieht sich das Pferd durch ein unerwünschtes Nachgeben, das als Extrem einem »Verkriechen hinter dem Zügel« gleichkommt, ist dem Reiter die Einflußnahme auf die Hinterhand weitgehend genommen. Damit wird es ihm so gut wie unmöglich, den Hinterhandkräften des Pferdes noch eine gesteigerte Leistung abzufordern.

Gleichzeitig mit der Längsbiegung muß auch eine seitliche Nachgiebigkeit sowohl im Genick als auch in der Halswirbelsäule erreicht werden. Auch dabei können durch eine nachteilige Form der Wirbel oder eine übertrieben starke Bemuskelung des Halses Schwierigkeiten für das Pferd entstehen, die es zu einer Unnachgiebigkeit im Hals oder Verdrehung im Genick verleiten. Je größer die Beschwernisse, desto nachhaltiger sein Widerstand. Hier wird daher ein mit kleinsten Schritten erfolgendes Gymnastizieren angebrachter sein als gewaltsame Einwirkungen, weil diese zunächst einmal die Beschwerden nur noch vergrößern würden. Vergleicht man aber die Muskelkräfte des Pferdes mit denen des Menschen, werden auch die »kleinen Schritte« für letzteren einen oft nicht unbedeutenden Kraftaufwand notwendig machen.

Die Form der Wirbel und ihr Ineinandergreifen macht ein übertriebenes Abbiegen unmöglich. Verlangt man also hier zu viel, geht dies zu Lasten von Stellung und Haltung und verhindert nicht zuletzt das geforderte »Gerade-gerichtetsein«. Ein »Verwerfen im Genick« gefährdet die gewünschte Wirkung des Zügelanzuges, ein »verbogener Hals« bewirkt dagegen sehr häufig ein Hinausdrängen mit der äußeren Schulter, wodurch vermehrt die Gesetze der Fliehkraft wirksam werden und der Reiter einen Teil seiner Macht über das Pferd verliert.

*Eine wichtige Regel für die Bearbeitung von Genick und Hals muß daher sein, daß immer der Gesamtrahmen des Pferdes der Prüfstein bleibt.* Zwar müssen Aufrichtung und Beizäumung in einem Maß erreicht werden, daß der Zügelanzug nicht über das Pferd hinweggeht oder zu extrem in das Pferd hineinwirkt. Einseitige Festigkeit oder der entgegengesetzte Zustand dürfen nur mit einer dosiert eingesetzten Kraft behoben werden.

Schleif- (oder Schlauf-)zügel eignen sich dafür sicher nur bedingt. Ihr Einsatz vermag für den Augenblick in manchen Fällen eine echte Wirkung zu zeigen, doch kehrt der alte Zustand sofort wieder zurück, wenn der Reiter dieses Mittel nicht gezielt und zeitlich begrenzt einzusetzen vermag.

*Viele Widerstände nehmen ihren Ausgang gar nicht vom Genick, sondern von den mangelhaft herantretenden Hinterbeinen.* In diesen Fällen kann somit der Schlaufzügel nicht die gewünschte Hilfe bringen, sondern hier muß in vermehrtem Maße die Gymnastizierung der Hinterhandgelenke einsetzen.

Der Formung der Halswirbelsäule kommt eine große Bedeutung zu. Geschieht dies in einer Wachstumsphase, in der die sie umgebende Muskulatur noch nicht voll entwickelt ist, wird dies mit weniger Kraftaufwand möglich sein. Außerdem kann sich diese Muskulatur dann der Wirbelform anpassen: So wird eine mehr gerade Halswirbelsäule, der die wünschenswerte leicht konvexe Form zur Gänze fehlt, nicht selten eine Unterstützung durch einen starken Unterhalsmuskel brauchen, wogegen eine konvexe Halswirbelsäule leicht durch den Oberhalsmuskelstrang gehalten werden kann.

Aber nur derjenige Reiter, der bei dieser gymnastizierenden Formung stets das »Gesamtpferd« im Auge behält, wird eine unnatürliche Verkürzung, Zusammenziehung, Aufrichtung, ein Hinterden-Zügel-geraten verhindern können. Wer dagegen, aus welchen Gründen auch immer (sei es Gedankenlosigkeit, Angst, unruhige Hand usw.), immer wieder achtlos den Zügel einsetzt oder sich fortwährend an ihm festhält, wird plötzlich vor einem Hals stehen, der ein Weiterkommen schwieriger oder vielleicht sogar unmöglich macht.

Auch das über die seitliche Biegefähigkeit oben Gesagte muß hier noch einmal unterstrichen werden. Hier wird in der Regel des Guten zu viel getan. Was das Pferd an Beweglichkeit braucht, um in der »richtigen Stellung gehen zu können«, kann es sich in fast allen Fällen in ausreichendem Maße aus dem Scharnier zwischen Kopf und Hals, also der Genickverbindung holen.

Die Biegung in der Halswirbelsäule selbst sollte nie so übertrieben verlangt werden, daß durch diese dadurch bewirkte starke Krümmung die Wirkung der Zügelanzüge nicht mehr gradlinig bis zur Hinterhand durchkommen kann, sondern in Verlängerung des Knicks nach außen geht und damit Sinn und Aufgabe verliert.

*Die wichtigste Forderung der gymnastizierenden Formung muß immer bleiben, dem Pferd bei der Überwindung natürlicher, gebäudemäßig bedingter Schwierigkeiten helfen zu wollen.* Je bescheidener dabei die Fremdeinwirkungen (also die reiterlichen Einwirkungen) vom Pferd als solche empfunden werden, desto schneller und williger wird das Pferd sie akzeptieren.

Daß auch eine vom Pferd noch akzeptierte (also nicht als Grobheit anzusehende) Einwirkung vom Reiter auf Grund der ungleichen Kräfteverhältnisse schon einen beträchtlichen Kraftaufwand notwendig macht, steht dieser obengenannten Forderung keineswegs entgegen.

## Die »höhere Campagneschule« als Basis

Echte Widerstände bekommt der Reiter deutlich zu spüren. Sie bewirken die zusätzlichen Versteifungen, die wiederum für diese Momente jede gymnastizierende Formung unmöglich machen.
*Ein späteres Überwinden von Widersetzlichkeiten als Folge einer ungenügenden oder falschen Ausbildung in vorausgegangenen Zeiten verlangt natürlich eine andere Behandlung als die Formung im Zuge der systematischen Ausbildung eines korrekt aufzubauenden Pferdes.*
Nur ein stabiler Hals kann auch ein steter, ruhig getragener Hals sein. Ein ständiges übertriebenes Ab- und Verbiegen widerläuft dieser Forderung. *Ein recht brauchbarer Anhalt, daß ein Hals nicht »verbogen«, sondern ausreichend gebogen ist, ist der, daß beide Zügel, sowohl der äußere als auch der innere, am Hals liegen.* Zusammen mit der von Aufrichtung und Beizäumung beeinflußten Längsbiegung wird daher auch die seitliche Biegung dafür mitverantwortlich sein, ob ein Zügelanzug den gewünschten Weg bis zu den Hinterbeinen findet.
So wichtig diese Gesamtformung im Rahmen der Ausbildung ist, eine Bearbeitung mit »zusätzlichen Zügeln« macht sie heute bestimmt nur noch in ganz wenigen Ausnahmefällen notwendig.
Die Stabilität des Halses hängt nämlich nicht ausschließlich von seiner richtigen (Aus-)Formung ab, sondern wird zu einem Gutteil von der Tragkraft der Hinterhand mitbestimmt. Je besser sie ausgereift ist, desto leichter wird dem Pferd die »natürliche Aufrichtung« und die durch seine Krümmung erscheinende, dem Gesamtrahmen entsprechende (scheinbare) Verkürzung möglich sein.

Die Rückenwirbelsäule bedarf keiner eigentlichen Bearbeitung. Ihre Fähigkeit, mit dem Reitergewicht fertig zu werden, d. h. dieses nicht nur als starre Last zu empfinden, die den »Brückenbogen« nach unten durchdrückt, sondern es federnd zu tragen, hängt von mehreren Faktoren ab. Man könnte sie in anlagebedingte und im Zuge der Ausbildung, also des praktischen Reitens, erworbene teilen.
Zu den anlagebedingten zählen die Länge des Rückens, die Konsistenz der Wirbelkörperverbindung und nicht zuletzt die Qualität der sie umgebenden Muskelbänder (ein kurzer, fester Rükken wird das Reitergewicht leichter zu tragen vermögen als ein längerer, dem außerdem zunächst auch noch die stützende Muskulatur fehlt). Die Beurteilung der anlagemäßigen Voraussetzungen sollte dann mitbestimmend für die praktische Arbeit sein.
Man weiß, daß nicht nur die Fähigkeit, sondern auch das Wollen des Pferdes, »seinen Rücken herzugeben«, in hohem Maße von der reiterlichen Einwirkung in den Anfangsstadien abhängt. Durch das Reitergewicht bedingte Schmerzen, ein die Schwierigkeiten noch verstärkender falscher Bewegungsrhythmus des Reiters oder das fehlende Eingehenkönnen auf den Bewegungsrhythmus des Pferdes vermögen hier schon sehr schnell beim Pferd eine Aversion gegen das Reitergewicht zu erzeugen, die dann wie ein (negativer) roter Faden die gesamte zukünftige Rittigkeit des Pferdes beeinflußt, ja oft sogar zur Gänze bestimmt.
Wenn hier gesagt wurde, es bedarf weniger einer besonderen Bearbeitung, dann muß dies dahingehend ergänzt werden, daß es dafür aber umso mehr eines guten Gefühls bedarf. Die »Erfindung« des leichten Sitzes kam dieser

Forderung sehr entgegen. Die immer wiederkehrende Entlastung des Pferderückens im Trabrhythmus macht es viel schneller mit dem Reitergewicht bekannt und vertraut und schraubt die mit dieser Belastung verbundenen Unannehmlichkeiten auf ein Mindestmaß herab. Man sollte aber trotzdem nicht zu lange mit dem Einschalten kurzer ausgesessener Reprisen zuwarten, weil es ja letzten Endes das Ziel sein muß, bei »ausgesessenem« Sitz das Pferd ebenfalls zum Aufwölben des Rückens zu bringen.

Ein aufgewölbter Rücken kann mit einer Brücke verglichen werden, die zum Teil ihre Festigkeit durch eine fleißig entwickelte, im Entwicklungsstadium aber nicht gestörte Konsistenz der Wirbelsäule und Muskulatur bekommt, aber doch eine sehr wertvolle Unterstützung durch einen richtig geformten Hals auf der einen und eine mehr und mehr herangeschlossene Hinterhand auf der anderen Seite erfährt.

Die Bereitschaft zum »Aufwölben«, also jene Rückentätigkeit, die die Pferdebewegung zu einer angenehmen für den Reiter werden läßt, ist somit nicht nur von den rein physischen, sondern auch von eminent einflußreichen psychischen Faktoren abhängig: Wird eine noch nicht genügend unterstützte und vielleicht von Haus aus »schwache« Rückenwirbelsäule durch unvernünftiges Reiten bis zur Schmerzhaftigkeit strapaziert, wird das Pferd zu einer permanenten Anspannung, einem sogenannten »Festhalten des Rückens« veranlaßt. Ist dies einmal dem Pferd zur Gewohnheit geworden, wird es dann den Rücken oft noch »festhalten«, wenn die Gründe dafür längst weggefallen sind.

Die Festigung der Rückenpartie sollte mit dem Abschluß der Grundausbildung eigentlich abgeschlossen sein. Wenn sie an dieser Stelle erst behandelt wurde, dann deshalb, weil die vielleicht während dieser Grundausbildung begangenen Fehler oder Unterlassungen möglichst rasch behoben werden müßten. Manches läßt sich bei einem entsprechend gefühlvollem Vorgehen auch später noch reparieren, und selbst bei älteren, aber in der Ausbildung zurückgebliebenen Pferden kann ein »Hergeben des Rückens« erreicht werden, wenn nicht schon aus anatomischen Gründen (wie z. B. ausgeprägtem, durch hinausgestellte Nachhand »erzeugten« Senkrücken) eine solche Korrektur unmöglich ist.

*Um gezielt an die Bearbeitung der Hinterhand herangehen zu können, muß die Brücke in Ordnung sein, über die man zu ihr gelangt!*

Es gibt kein Reitlehrbuch, das nicht die Bedeutung der in der Hinterhand tätigen Gelenke und deren kräftigen Stützapparat unterstreicht. Und ebenso wenig gibt es eine Bewegung des Pferdes, deren Qualität oder Effekt nicht davon bestimmt, zumindest aber mitbestimmt wird.

*In ihr liegt nicht nur der Motor jeglicher Bewegung, sondern hier liegt auch der Schlüssel zur Leistungsfähigkeit und Leistungsbereitschaft.*

Ist die erstere das Ergebnis der im Zuge der Ausbildung gewonnenen Kraft, hat die Leistungsbereitschaft darüber hinaus auch noch sehr bedeutende psychische Komponenten. In ihnen ist auch der Gehorsam eingebettet. Sie alle zusammen ergeben die RITTIGKEIT. Sie bei einem Pferd in möglichst hohem Maße zu erreichen, muß das Ziel jeglicher Ausbildung sein. Sie ist die Voraussetzung für das vielzitierte »Glück auf dem Rücken eines Pferdes«, aber auch für eine vermehrte Si-

cherheit des Reiters und nicht zuletzt eine längere Lebensdauer und Einsatzfähigkeit des Pferdes.
Alle Begriffe, die für die Beurteilung der Qualität der Pferdebewegung im richterlichen Protokoll Verwendung finden, hängen mit der »Hinterhandtätigkeit« zusammen. Eine Hinterhand, die sich gerade noch so recht und schlecht betätigt, um nicht völlig passiv »mitgeschleppt« werden zu müssen, wird nie der Bewegung des Pferdes auch nur den geringsten »Ausdruck von Stolz, Kraft oder Erhabenheit« verleihen können. Damit werden aber auch jeder Übung, die in einer solchen Gangmanier vollbracht wird, die gleichen Ausdrucksschwächen anhaften. Man darf sich dann nicht wundern, wenn trotz der scheinbar korrekten Ausführung die Noten »Vier« und »Fünf« im Richterbogen dominieren.

*Je höher die an ein Pferd gestellten Anforderungen werden, desto mehr wird die Aktivität der Hinterhand benötigt. Die Vorbereitung für höchste Dressuraufgaben wird ohne sie unmöglich sein.*

Die guten gebäude- und gangmäßigen Voraussetzungen des heute gezüchteten »Sportpferdes«, das sich für alle Disziplinen des Reitsports eignet, scheinen dem Reiter auf diesem Gebiet vieles zu ersparen. Das Turniergeschehen zeigt aber sehr deutlich, daß auch für das bestveranlagte Pferd noch vor Erreichen des Gipfels Endstation ist, wenn die vom Reiter beizusteuernden Ausbildungsmomente fehlen.

Auch wenn sich ein Pferd bereits in den »Arbeitsgängen«, jener Bewegungsart also, die in der Grundausbildung verlangt wird, weitgehend sein Gleichgewicht unter dem Reiter wieder zurückgewonnen haben wird, ist das Verhältnis zwischen Schub- und Tragkraft noch zu wenig ausgeglichen. Jedes verlängerte Abstützen des eigenen und Reitergewichts benötigt zunächst einmal dazu die Tragkraft. Aber auch die Schubkraft wird aus »untergeschobenen« (und daher in den Hanken ausreichend gebogenen) Hinterbeinen anders entwickelt, als dies bei einem Pferd der Fall ist, das seine Beine im »Urzustand« also mit kaum gymnastizierten Gelenken vorwärts bringt.

Der Schwung als die äußere Ausdrucksform der Bewegung im Trab oder Galopp eines Pferdes verlangt zuerst ein »Zusammendrücken der Federn«, bevor die dadurch in den Gelenken angestaute Kraft wieder freiwerden kann und der Bewegung eine schwungvoll-federnde Ausdrucksform gibt.

Besonders die Seitengänge bedürfen dieser den Schwung entwickelnden Kraft. Sie dienen, als Ausbildungsmittel verwendet, einerseits zur Entwicklung dieser Kraft und bekommen andererseits in einer Vorführung erst durch diese als »Kadenz« bezeichnete Kraft jenen Ausdruck, der von ihnen (in Entsprechung der »Klassischen Prinzipien«) verlangt werden muß. Das »Schränken oder Übertreten« allein, wenn der Ausdruck der verlängerten Abstützphase fehlt, mindert ihren Wert vor allem als Ausbildungshilfe (und auch in der Prüfung) deutlich herab.

Daß bei dieser gymnastizierenden Ausformung der Hinterhand und ihrer Kräfte die vom Pferd mitgebrachten Exterieurvoraussetzungen eine gewichtige Rolle spielen, ist selbstverständlich. Eine ungünstige Form der Kruppe ist meist schon ein erstes äußerliches Anzeichen einer möglicherweise nicht idealen Anordnung und Winkelung der Hinterhandknochen. Auch extrem ungünstige Längenverhältnisse können von Nachteil sein. Neben dem Hanken-(Hüft-) und Kniegelenk als den eigentlichen »Hankengelenken«, hat vor allem das Sprunggelenk ein riesiges Arbeitspensum zu vollbringen. Wer einmal Zeitlupenaufnahmen dieses Gelenks in Absprung- oder Landephasen oder während der in das Gebiet der »Hohen Schule« fallenden »Schulsprünge« (Kapriole, Courbette oder auch Levade) gesehen hat, wird einen Begriff der von diesem Gelenk vollbrachten Leistung bekommen haben. Somit ist der Beurteilung dieses Gelenks im Rahmen einer Verwendungseinschätzung ein besonderes Augenmerk zuzuwenden: In ihrer Konsistenz und ihrem Umfang deutlich zurückbleibende Sprunggelenke bilden keine gute Ausgangsbasis bzw. werden bei starker Beanspruchung einem frühzeitigen Verschleiß unterliegen. Ähnliches wird für ein zu stark gewinkeltes Sprunggelenk gelten.

Jeder Reiter oder Ausbilder, der bei einer solchen Beurteilung stets das Idealskelett vor seinem »geistigen Auge« parat hat, dem wird der Vergleich manche Antwort auf die heimliche Frage geben. Von besonderem Ausschlag wird die Antwort dann sein, wenn beabsichtigt ist, mit dem betreffenden Pferd höchste Ziele ansteuern zu wollen. Beschwichtigend muß aber hier angefügt werden, daß es in der langen Geschichte des Reitsports immer wieder Beispiele gegeben hat, die den Fachmann vorerst zum Kopfschütteln veranlaßt hätte, die dann aber durch einen »eisernen Kämpferwillen« oder eine »besondere Mitarbeitsbereitschaft« alle Bedenken über den Haufen geworfen haben.

Dem Menschen sind bei ernsthafter Beschäftigung viele Korrekturmöglichkeiten an die Hand gegeben, und ein mit Verständnis gepaarter Einsatz vermag manche Schwäche auszugleichen.

*Wer hohe Ziele anstrebt, muß nicht nur gezielt, sondern auch früh beginnen.* Es muß an dieser Stelle noch einmal wiederholt werden, daß »ausgewachsene Formen« um vieles schwerer zu bearbeiten sind, als die in die richtige Form hineinwachsenden. Die Gründe liegen klar auf der Hand: Die damit verbundenen Unannehmlichkeiten, wenn nicht gar Schmerzen, erzeugen zusätzlich einen psychischen Widerwillen. Gehen davon vielleicht sogar noch Widerstände aus, ist damit immer zumindest ein Zeitverlust verbunden.

Ein Pferd, das die Grundausbildung hinter sich hat (und für eine Weiterausbildung vorgesehen ist), ist körperkräftemäßig soweit vorbereitet, daß ohne Schaden mit der biegenden und formenden Bearbeitung der Hinterhand begonnen werden kann.

Die wichtigste Voraussetzung, die der Reiter dafür mitbringen muß, ist ein gefestigter, korrekter Balancesitz, aus dem heraus er sowohl die vorwärtstreibenden, wie ebenso die »einfangenden« (versammelnden) Einwirkungen zu geben vermag.

Die wohl nachteiligste Unsitte mancher in der Ausbildung Tätigen ist die ständig wiederholte, aber einfach nicht durchführbare Aufforderung zum »Treiben«! Ein Schüler, dem die primitivsten Voraussetzungen für das Befolgen einer solchen Forderung fehlen, wird durch eine solche »Überforderung« nur zu Einwirkungen verleitet, die häßlich und grundfalsch sind, aber leider die Tendenz in sich haben, daß sie nur sehr schwer wieder abzugewöhnen sind. *Fehlleistungen dieser Art dürften einem in der Reitausbildung Tätigen einfach nicht unterlaufen!*

Zweifellos kommt dem Schenkel eine nicht unbedeutende Aufgabe zu. *Aber unter »Schenkel« kann niemals ein »klopfender Absatz« gemeint sein, sondern nur jener ruhig am Pferdeleib angeschmiegte Teil knapp unterhalb des Knies.* Dieser Teil kann aber nur in Verbindung mit einem richtigen Sitz aktiv werden. Nur von hier gehen die Impulse aus, jede klopfende oder stoßende Bewegung (z. B. bei der Anwendung des Sporns) wirkt abstumpfend oder strafend.

In diesem Zusammenhang muß auch gleich ein anderer Irrtum berichtigt werden: *Der Sporn ist kein Schenkelersatz – mit ihm kann man versammeln, aufmuntern oder strafen.* Er hat also sehr wohl eine wichtige Funktion, nicht jedoch die fälschlich angenommene, nämlich das Pferd mit seiner Hilfe vorwärtszutreiben.

Das Mittel, das den Motor in der Hinterhand des Pferdes in Bewegung setzt, ist der »treibende Sitz«. Ein rittiges Pferd reagiert schon auf minimale Gewichtsverlagerungen. Es wird immer bestrebt sein, den verlagerten Schwerpunkt des Reiters wieder mit seinem eigenen in Einklang zu bringen – dies kann es aber nur, wenn es sich bewegt.

Abgestumpfte »Schulpferde« haben dieses Bestreben nicht mehr. Die ständigen disharmonischen Einwirkungen lassen sie »resignieren« und selbst nach einem Weg suchen, auf dem sie diesen Einwirkungen ohne Gefahr für das Gleichgewicht begegnen können. Hier wird auch der heftigste Trommelwirbel mit dem Absatz keine Wirkung mehr zeigen.

Natürlich wird man auf einem derartig stumpfen Pferd einem Anfänger nichts mehr vermitteln können. Jeder Schüler, der in die Hand eines derartigen zwei- und vierbeinigen »Lehrers« fällt, ist zu bedauern.

Kehren wir zur praktischen Anwendung des treibenden Sitzes und dessen Unterstützung durch den Schenkel zurück.

Der senkrecht im Sattel aufgerichtete Reiter, der mit seinen Sitzknochen (richtig Schambeinästen!) diesen gestreckten Oberkörper genau über dem Schwerpunkt (bei richtiger Sattelung und Sattelform) des Pferdes ausbalanciert, zwingt das Pferd, dieses Reitergewicht abzustützen, ohne es rasch vor sich herzuschieben. Dieses Abstützenwollen bewirkt ein vermehrtes Untertreten mit den Hinterbeinen. Um dem Pferd dieses Wollen noch einladender zu machen, sollte der Reiter das Abheben des jeweiligen Hinterbeines erfühlen können, um durch das richtige Eingehen in die Pferdebewegung dem abschwingenden Hinterbein noch einen zusätzlichen, wenngleich nur winzigen Impuls zu geben.

Dieses harmonische Mitgehen mit der Pferdebewegung verlangt jedoch einen ruhigen Oberkörper! *Mit jeder »pumpenden« Bewegung oder anderen »Verrenkungen« gerät man bereits in eine Disharmonie zur Pferdebewegung und stört damit, statt zu unterstützen.*

In einem ähnlichen Widerspruch zu den physikalischen Gesetzen des richtigen Sitzes steht der übertrieben zurückgerichtete Oberkörper. Hier spekuliert man mit dem (scheinbar) »treibenden Charakter« durch das vermehrt »angestellte Kreuz«.

Das richtige »Anstellen des Kreuzes« erfolgt durch das Geraderichten der Wirbelsäule, wodurch deren Ausläufer, das Kreuzbeinende (auch Steißbein genannt), dem Sattel näherkommt und damit einen Impuls erzeugt. Durch eine übertriebene Rückenlage aber wird der wirkungsvollste Punkt überschritten, und nicht selten verleitet diese Übertreibung das Pferd zur Aufregung.

*Allein die Tatsache, daß mit einer solchen extremen Rückenlage ein Vorstrecken des Kopfes verbunden ist, beweist, daß der Reiter instinktiv das Gefühl hat, hinter dem Schwerpunkt des Pferdes zu sein. Ein Gefühl, das er durch Vorstrecken des Kopfes auszugleichen versucht.*

Bei Pferden, denen vom Gebäude her die idealen Voraussetzungen zu einer unproblematischen Heranschließung mit vermehrtem Untertreten fehlen, wird oftmals auch der korrekteste Sitz nicht für eine diesem Ziele dienenden Gymnastizierung ausreichen. Hier sollte als Unterstützung eine entsprechend lange Gerte herangezogen werden. Ihr Einsatz muß aber ebenfalls wiederum (so wie Sitz und Schenkel) dem Rhythmus der Pferdebewegung angepaßt sein. Eine arrhythmische Verwendung wird nicht als Hilfe angesehen, sondern erzeugt Aufregung und Spannung.

Diese gymnastizierende Bearbeitung der Hinterhand aus dem Sattel verlangt ein Erfühlenkönnen der Wirkung im Sitz und in der Hand. Wer nicht über dieses feine Gefühl verfügt, wird wenig Erfolg erzielen. So wird z. B. im Anfangsstadium dieser Arbeit das Pferd auf etwas stärkere Einwirkungen dergestalt reagieren, daß es dieser Einwirkung zu »entfliehen« sucht. Würde nun der Reiter jeder derartigen Reaktion mit einem kraftvollen Zügelanzug begegnen, der das Maß eines gefühlvollen Arrets übersteigt, käme es zu einem ständigen Langsamer- und Schnellerwerden, jedoch nicht zum »Einfangen« des durch die Einwirkung bedingten vermehrten (also schwungvolleren) Untertritts. Korrekt sollte diesem »versammelnden« (einfangenden) Arret augenblicklich die nächste treibende Einwirkung folgen, bis das Pferd verstanden hat, was man von ihm eigentlich will: Ein schwungvolles Untertreten, ohne dabei nach vorne auszuweichen!

Oft wird es zweckmäßig sein, sich dafür einen Gehilfen heranzuziehen, der diese richtige Wechselwirkung zwischen treibenden und verhaltenden Einwirkungen beobachtet, und so dem Reiter hilft, bis er sie selbst zu erspüren vermag.

*Auch ältere Pferde, die bisher nie mit einer gezielten Ausbildung Bekanntschaft gemacht haben, wird man nach dem gleichen vorsichtigen, aber gleichzeitig konsequenten Konzept fördern müssen.* Bei stumpf gemachten Pferden wird dies noch viel länger dauern und wahrscheinlich die Geduld des Reiters auf eine harte Probe stellen. Ein Versuch aber lohnt sich immer. Schließlich handelt es sich um ein Lebewesen, das seine mindere Leistungsfähigkeit fast immer dem Versagen eines Menschen zu verdanken hat. Je mehr der Reiter bei allen seinen Einwirkungen auf den Bewegungsrhythmus des Pferdes Bedacht nimmt, desto schneller und williger wird das Pferd verstehen lernen. Es wäre daher falsch, würde man dem anfänglich ganz selbstverständlichen Nichtverstehen mit arrhythmischen, also falschen Einwirkungen begegnen. Ein »pumpender Oberkörper« oder »klammernde oder klopfende Schenkel« wären z. B. solche. Hier kann nur eine Gerte oder die Peitsche eines Gehilfen zunächst einmal soviel Leben in die Bewegung bringen, daß dem Reiter überhaupt ein korrekter Sitz und eine ebenso korrekte Schenkellage und -einwirkung möglich gemacht wird.

## Die »höhere Campagneschule« als Basis

Auch der Schritt und das spätere Herausreiten der Tempounterschiede in dieser Gangart verlangt die gleichen Einwirkungen. *Die einzig richtige Bewegung des Oberkörpers im Sattel sollte nur eine »aufrichtende und sich streckende« sein.* Das dadurch bewirkte Anheben des vorderen Beckenringteiles erzeugt über das Kreuzbein die gewünschte, aber allzuoft falsch eingeleitete Kreuzeinwirkung.

Es wurde schon angedeutet, daß die Reiterhand in diesem »Spiel der Kräfte« nur eine mehr passive als aktive Rolle spielt. Das Pferd benötigt aber diese »gegenhaltende, ruhige Hand«, um sich bei jedem Tritt oder Sprung an ihr abstoßen und gleichzeitig die Feder für den nächsten Tritt oder Sprung spannen zu können. Man nennt diesen Vorgang »versammeln«. Würde dieser Gegenhalt im Augenblick des schwungvollen Vorbringens des jeweiligen Hinterbeins fehlen, könnte der für den nächsten Tritt oder Sprung benötigte Schwung nicht mehr erzeugt werden, und die Bewegung würde sich sehr rasch von einer »schwungvoll tretenden« in eine »laufende und weniger ausdrucksvolle« verwandeln.

Ebenso nachteilig wie das Fehlen einer »ruhig aushaltenden Hand« ist eine »im falschen Augenblick störend einwirkende«. Solche immer wieder das Pferd störenden arrhythmischen Handeinwirkungen lassen es mit der Zeit Angst vor dem Gebiß bekommen und können zur Folge haben, daß es sich vielleicht schließlich »hinter dem Zügel verkriecht«.

*Wer (noch) nicht imstande ist, seiner Hand den notwendigen Halt zu geben, der dem Pferd das rhythmische Abstoßen möglich macht, sollte seinem Unterarm eine zusätzliche Stütze durch Auflegen im Becken-Oberschenkel-Bereich geben.* Damit sind gleich zwei Vorteile verbunden: Die ruhige Hand und das so notwendige Mitnehmen des äußeren Beckenrandes (äußere Hüfte und des darauf ruhenden Oberkörpers) auf allen gebogenen Hufschlaglinien. Jedes Ausfallen der äußeren Pferdeschulter zieht automatisch den Verlust der korrekten Stellung durch die verstärkt wirkende Fliehkraft nach sich. *Nur die mit Hilfe des äußeren Zügels auf die äußere Pferdehälfte eingerichtete äußere Schulter ermöglicht es dem Pferd, im Gleichgewicht zu gehen bzw. dieses nicht immer durch unerwünschte Reaktionen mit dem Kopf wiederherstellen zu müssen.*

Wer einmal imstande ist, alle seine Hilfen den Bewegungen des Pferdes rhythmisch anzupassen und sie statt mit unnützem Kraftaufwand mit echtem Gefühl zu geben, hat sich wichtige Voraussetzungen für die Ausbildung eines Pferdes geschaffen. Eine weitere solche ist die Geduld. Jede von Ungeduld geprägte Anforderung hat immer ein Körnchen Ungerechtigkeit in sich, weil man viel zu schnell jedes Mißlingen allein dem Pferd anlastet. Je höher die Anforderungen, desto mehr ist man auf die »Mitarbeitsbereitschaft« des Pferdes angewiesen. Sie erreicht man aber nur, wenn man sich um sein »Verstehen« bemüht. Verständlich können dem Pferd aber nur »Befehle« gemacht werden, die in ihrer Konsistenz einfach sind und feststehenden physikalischen Gesetzen nicht widersprechen.

Verzichtet man auf das Verständnis, bleibt nur der Weg über die Gewalt. Manchmal wird man damit »Erfolg« haben, es wird aber immer nur ein »gestundeter« bleiben.

*Wer die Bedeutung des »Biegsammachens« in allen Gelenken und Wirbelverbindungen als wichtigste Voraus-*

*setzung für die Rittigkeit eines Pferdes erkannt und anerkannt hat, der wird sich auch heute noch vermehrt mit der Theorie und den in ihr aufgezeigten Wegen auseinandersetzen.*

Vergleicht man die anatomischen Formen des Skeletts, wie sie das rohe, nicht ausgebildete Pferd aufweist, mit den nach ihrer »künstlichen Bearbeitung« umgeformten, wird man unschwer die damit verbundenen Vorteile erkennen. Sei es hinsichtlich der vermehrten Beherrschung der Kräfte wie auch einer sehr wesentlichen Konservierung aller jener Körperteile des Pferdes, von denen seine Lebens- und Einsatzdauer abhängt.

War es in den vergangenen Zeitepochen das Angewiesensein, das unsere Reitervorfahren zwang, sich damit eingehend auseinanderzusetzen, sollten doch heute wenigstens der finanzielle Aufwand genügend Anreiz bieten, mehr in der Verbindung mit diesem edlen Tier zu suchen, als es landläufig geschieht. Eine nicht geringe Schuld trifft hier den Reitlehrer. Versteht er es nicht, seinem Schüler auch diese Seite der Reiterei schmackhaft zu machen, wird er kein übertriebenes Interesse erwarten dürfen. Beispiele zeigen aber immer wieder, daß nicht wenige für ein solcherart gewecktes Interesse dankbar sind, und noch viel mehr dafür dankbar wären, wenn ihnen der Weg gewiesen würde.

Konnte man sich früher über Jahre mit einem Pferd beschäftigen, ohne daß man dabei Langeweile empfand, haben heute viele zu schnell einen »Plafond« erreicht, der ihrer Arbeit viel vom wichtigen Inhalt nimmt. Durch die heute getätigte, fast ausschließlich auf eine oberflächliche Vermittlung von Banalitäten ausgerichtete Reitlehrerausbildung schließt sich dieser Teufelskreis, aus dem leider viel zu wenigen ein Ausbrechen gelingt. Auf allen Ebenen des Turniersports aber sind diese wenigen erkennbar. *Die unübersehbarste Aussage machen hier das äußere Erscheinungsbild des Pferdes und der Sitz des Reiters.*

Ein wünschenswertes Erscheinungsbild des Pferdes ist aber erst dann erreicht, wenn korrekte Aufrichtung und Beizäumung sich in der Leichtigkeit und Eleganz der Vorhand und seinem stolz getragenem Hals und Kopf widerspiegeln, der Rücken selbst zum Auf- und Abwölben befähigt ist und letzten Endes die Tragkraft der Hinterhand so ausgeformt ist, daß es dem Pferd ein leichtes wird, mit seinen Hinterbeinen genügend weit unterzutreten und dadurch sowohl das Gewicht ohne Schwierigkeiten abzustützen, als auch gleichzeitig daraus Schwung und Schubkraft zu entwickeln.

Der Ausdruck eines derart vorbereiteten (ausgebildeten) Pferdes wird durch keine noch so vorteilhafte natürliche Anlage wettgemacht werden können. Werden diese ohne »künstliche Vervollkommnung« gezeigt, bleiben sie immer unter dem in ihnen steckenden Wert. Und auch die so vollbringbare Leistung wird weit unter der optimal erreichbaren bleiben.

Dem Sitz und der Einwirkung des Reiters wird leider ebenfalls nicht die gebührende Beachtung zuteil. Bei deren richtigen Ausformung ist freilich in noch höherem Maße ein guter Lehrer vonnöten, weil der gute Wille allein kaum ausreicht und gravierende Mängel nur ganz selten selbst erkannt werden.

Es kann daher nicht oft genug auf die Verantwortung hingewiesen werden, die dem Lehrer in diesem Zusammenhang auferlegt ist. Auch wenn heute manche Faktoren einer genügend lan-

## Die »höhere Campagneschule« als Basis

gen Schulung entgegenstehen und Schüler schon mit Aufgaben konfrontiert werden, für die sie genau genommen erst viel später reif wären, lassen sich manche Mängel auch noch später beheben. Voraussetzung ist, daß sie als solche erkannt werden und man sich nicht damit abfindet.

Besser noch als aus dem Sattel lassen sich viele der Voraussetzungen für die Rittigkeit des Pferdes durch eine gezielte Bearbeitung »an der Hand« schaffen. Gerade Rücken und Hinterhand werden ohne das vorerst noch fehlende Reitergewicht besser bearbeitet werden können.

Die Rückenwirbelsäule, die so wichtige Brücke zwischen der Vorhand und der Hinterhand, ist nicht immer so geschaffen, daß ihr die Schwingung unter dem Reitergewicht ohne Beschwernisse möglich ist. Festgemachte oder durchgedrückte Rücken können daher die Folge sein; wogegen das notwendige Auf- und Abwölben ohne dieses Gewicht auch von weniger gut veranlagten Pferden erreicht werden kann. Mit dieser gymnastizierenden Vorbereitung können sie aber häufig diese wichtige schwingende Tätigkeit dann auch unter dem Reiter vollbringen.

Ohne die Fähigkeit des Pferdes, durch »Anspannen« (Aufwölben) und »Abspannen« (Abwölben) die in der Hinterhand entwickelten »Schwingungen« an Hals, Kopf und Vorderbeine weiterzugeben, gäbe es auch keine »Anlehnung ans Gebiß«. Diese Schwingungen sind nicht nur fühl-, sondern auch sichtbar. Man kann daher den »Rückengänger« deutlich vom »Schenkelgänger« unterscheiden. Bei letzteren sind die Bewegungen ohne Mitwirkung einer schwingenden Wirbelsäule, ihnen fehlt daher die Elastizität, aber ebenso der Raumgriff. Vom Gefühl her werden sie hart oder gespannt, vom Anblick her wenig raumgreifend, übereilt oder auch träge sein. Ein solches Pferd wird entweder hinter dem Zügel gehen oder im Maul tot sein. Selbstverständlich ist damit auch die Einwirkung des Reiters und der zu erreichende Gehorsam nur begrenzt.

Der Rückengänger dagegen zeichnet sich durch akzentuierte Schwingungen der Wirbelsäule aus, die alle seine Bewegungen aktiver und meist auch raumgreifender, vor allem aber weich und elastisch machen. Gerade letzteres trägt dazu bei, die Einsatzfähigkeit wünschenswert lange zu erhalten und auch das Pferd dem Reiter gehorsamer in die Hand zu stellen.

Es gehörte zum erklärten Ziel jeglicher Ausbildung, den Rückengänger als solchen zu erhalten, den Schenkelgänger aber nach Möglichkeit zum Rückengänger zu machen. Mit dem Ausscheiden dieser beiden Begriffe aus dem Vokabular der Reitersprache ist auch deren Bedeutung im Zuge der Ausbildung verloren gegangen.

Über die Notwendigkeit einer eingehenden Bearbeitung der Hinterhand, der Quelle allen Schwungs, ist man sich allerorts einig. Nicht allerdings drüber, wie dies am besten geschieht.

Einen groben Fehler begeht man bereits, wenn man sich nicht zunächst einmal eingehend mit den Voraussetzungen beschäftigt: Wiederum spielt hier das Gebäude und somit die anlagebedingten Gegebenheiten eine wichtige Rolle. Sowohl die Längenverhältnisse der Hinterhandknochen als auch deren Winkelung in den Gelenken sind dabei von besonderer Bedeutung. Ungünstige Voraussetzungen werden eine andere, vor allem gezieltere und intensivere Bearbeitung brauchen und trotzdem oftmals weniger Erfolg erwarten lassen als Anlagen, die alle Vorzüge aufweisen, die man sich schlechthin für höher gesteckte Ziele wünschen muß.

Ist aber, wie gesagt, bei mancher weniger idealen Anlage durch richtige Bearbeitung eine Verbesserung möglich, wird eine solche unmöglich sein, wenn zu spät damit begonnen oder überhaupt (aus Unwissenheit) darauf verzichtet wird.

Mängel und Fehler aber erkennt man am schnellsten und besten bei der »Arbeit an der Hand«. Sowohl die »Anlage« selbst wird hier am deutlichsten offenbar, ebenso aber deutet die Bereitschaft oder fehlende Bereitschaft auf weniger gut sichtbare Schwächen hin. Obwohl die heute bis auf ganz wenige Ausnahmen nirgends mehr gebräuchliche »Arbeit in den Pilaren« eine noch gezieltere Bearbeitung und daher auch eine notwendige Korrektur möglich machte, muß heute mangels dieses Hilfsmittels darauf verzichtet werden.

# Die Arbeit an der Hand

Auch wenn die Vorteile der Handarbeit heute nur in seltenen Fällen in Anspruch genommen werden und die Ausbildung des Dressurpferdes auch für die höchsten Anforderungen, wie sie im Grand Prix de Dressage verlangt werden, ausschließlich »aus dem Sattel« geschieht, soll eine kurze Abhandlung darüber eingeschoben werden. Sie bildete durch Jahrhunderte einen festen Bestandteil der höheren Dressurausbildung, und ein künftiger vollkommener Verzicht auf diese bedeutenden Ausbildungshilfen würde die Reitkunst und das sie bestimmende wertvolle Erbe ärmer machen.

Man kannte aber auch in der Zeit, als die Arbeit in den Pilaren in den renommierten Reitschulen zur Selbstverständlichkeit gehörte, bereits die danebenlaufende »Arbeit an der Hand«. Weil aber heute auf erstere gänzlich verzichtet werden muß, ist es wichtig, daß viele ihrer Kriterien bei der »Arbeit an der Hand« Beachtung finden. Ein Reitlehrer, der hierin Meister ist, wird das ihm damit für die Ausbildung zur Verfügung stehende wertvolle Hilfsmittel voll zu würdigen wissen. Er wird sich dessen nicht nur bei der Vorbereitung eines Pferdes für die höchste Dressurstufe bedienen, sondern es auch dann einsetzen, wenn sich die Hinterhand eines Pferdes auf Grund eines ungünstigen Gebäudes nur schwer heranschließen läßt.

Kein Aspirant dieses Berufes sollte versäumen, wann und wo immer er Gelegenheit hat, sich die Geheimnisse und Praktiken für diese Tätigkeit bei einem Meister abzuschauen. Allerdings sind heute die Meister auf diesem Gebiet ziemlich rar, und man wird vielfach gezwungen sein, mit wenig Anschauungsunterricht auszukommen und sich dann aus diesem bescheidenen Stückgut selbst das benötigte praktische Können zu zimmern.

Selbstverständlich ist das »Handwerkliche« ein wesentlicher Faktor des Gesamtkönnens. Aber eine fast noch größere Bedeutung muß dem Einfühlungsvermögen zugeordnet werden, mit dessen Hilfe die Reaktionen des Pferdes oft blitzartig gedeutet und eingeordnet werden müssen. Es ist nicht übertrieben, wenn behauptet wird, daß durch eine unsachgemäße Handarbeit mehr verdorben als gutgemacht werden kann. Trotzdem braucht niemand davor zurückzuschrecken, wenn er bereit ist, sich mit deren Kriterien echt auseinanderzusetzen.

Die gravierendsten Fehler werden bei der Handarbeit meist dadurch gemacht, daß man sich dabei ausschließlich oder doch in zu hohem Maße auf die Hinterhand konzentriert. Ganz automatisch verlangt man in diesem Falle eine falsche Aktivität derselben, die dem angestrebten Ziel entgegen arbeitet.

Das Ziel ist die vermehrte oder verbesserte Biegung in den Hankengelenken, also in erster Linie im Hüft- und Kniegelenk. Erst an letzter Stelle kommt das Sprunggelenk, das man richtigerweise eigentlich nicht mehr den Hankengelenken zuordnet.

Die wichtige Aufgabe der Handarbeit ist zunächst einmal die mit der biegenden Gymnastizierung der Hankengelenke verbundene Erhöhung der Tragkraft. Sie bildet sowohl die Voraussetzung dafür, daß ein Pferd das diesen Gelenken auferlegte Körpergewicht ausbalancieren kann. Fehlt ihm die Kraft dazu, ist es bestrebt, dieses Gewicht so schnell wie möglich weiterzuschieben. Damit fehlt der Bewegung die »Kadenz«, also jene durch einen kurzen Schwebemoment noch zusätzlich unterstrichene Kraft und Balancierfähigkeit.

Je weiter die Hinterbeine unter den Pferdekörper gesetzt werden, desto mehr Gewicht ruht auf ihnen. Nicht alle Pferde sind gebäudemäßig so günstig veranlagt, daß ihnen dies ohne weiteres leicht fällt. Es bedarf in den meisten Fällen einer mit Vor- und Rücksicht erreichbaren vermehrten Biegefähigkeit in den Hanken, womit eine scheinbare Senkung der Wirbelsäule und eine für den Betrachter erkennbare Aufwölbung des Rückens, eine vermehrte Aufrichtung (ohne dabei die Beizäumung aufzugeben), also insgesamt gesehen, eine Veränderung der Körperform einhergeht.

Gibt es diese begleitenden Kriterien nicht, sondern bewegt sich das Pferd einfach nur in diagonaler Fußfolge auf der Stelle (womöglich mit weggedrücktem Rücken, hinausgedrücktem Unterhals und deutlich außerhalb des Rahmens arbeitenden Sprunggelenken), sind die meisten Voraussetzungen bereits zunichte gemacht und jede vermehrte Einwirkung mit der Touchiergerte entfernt das Pferd immer weiter von der »klassischen Piaffe«.

Ohne die Fähigkeit, das der Hinterhand zugeteilte Gewicht ohne wesentliche Schwierigkeiten federnd auf den Hinterbeinen auszubalancieren, wird es dem Pferd unmöglich sein, seine Vorhand im gewünschten Maße zu erleichtern und dem Oberarm ein elegantes Anheben bis fast zur Waagrechten zu gestatten. Und damit fehlt einer solchen »Bewegung auf der Stelle« alles, was ihr den Ausdruck gebändigter Kraft und imponierender Schönheit verleihen könnte. Eine Piaffe, die alle an sie gestellten Anforderungen erfüllt, wird einem Pferd nach genügend langer, gymnastizierender Übung keineswegs schwerfallen, sondern sie wird sogar häufig immer wieder freiwillig angeboten. Man kann sie daher sogar als »lösende Übung« einstufen, weil ihr sichtbar der Charakter der Leichtigkeit und Freiwilligkeit anhaftet und über diese Übung sehr einfach überschüssige Kraft ohne nachteilige Ermüdung abgebaut werden kann.

Dagegen wird man jene Art der Bewegung, die man zu unrecht als Piaffe gelten läßt, immer nur durch besonders kräftige Einwirkungen erwirken können. Bedenkt man dann noch, daß solche verstärkte Einwirkungen in den meisten Fällen auch den korrekten Sitz des Reiters in Mitleidenschaft ziehen, wird es nicht schwer fallen, den Eindruck abzuschätzen, den ein solches Paar beim Betrachter hinterläßt.

Zweifellos bringen viele Pferde, und dazu gehören vor allem Pferde mit ausgeprägtem Rechteck-Typ oder extrem ungünstig gewinkelten Hinterhandgelenken oder unproportionierten Längenverhältnissen der Hinterhandknochen, oftmals sehr ungünstige Anlagen für jene Anforderungen mit, wie sie von einem für die höchste Dressurstufe bestimmten Pferd verlangt werden müssen. Selbstverständlich wird sich in diesen Fällen auch die Handarbeit schwierig gestalten. Gerade dann aber, soll sie überhaupt von Erfolg begleitet sein, muß sie relativ frühzeitig einsetzen, weil ausgeformte Muskelpartien und ein entsprechend straffer Bänderapparat jeder biegenden Gymnastizierung einen größeren Widerstand entgegensetzen, als dies noch zu einer Zeit geschehen würde, wenn noch nicht deren endgültige Konsistenz erreicht ist.

Bei allen Pferden, bei denen entweder ungünstige Voraussetzungen vorliegen oder bei denen erst in einem späteren Alter damit begonnen wird, ist die Handarbeit nicht ganz unproblematisch, ja oft nicht einmal ganz ungefährlich. Ebenso reagieren Pferde, denen die Berührung mit einer Touchiergerte bisher fremd war, oftmals anfänglich sehr vehement auf eine solche Berührung, und es bedarf oft einer großen Geduld, gepaart mit konsequenter Strenge, sie zunächst damit bekannt zu machen. Hat ein Pferd dann deren »Ungefährlichkeit« erkannt und diese mit Lob untermauerte Berührung zu dulden begonnen, ist eine wichtige Hürde genommen. Erst dann darf man mit gezielter Arbeit beginnen.

Grundsätzlich gilt auch für die Handarbeit der für die gesamte Ausbildung eines Pferdes gültige Grundsatz, daß nie der Gesamtrahmen des Pferdes unnatürlich und zum Nachteil seiner Bewegungsmechanik verändert werden darf. Dies fordert einerseits, daß der Ausbilder stets das »Gesamtpferd« während der Arbeit im Blickfeld haben muß und daß er andererseits seine Anforderungen so variieren und dosieren muß, daß diesem Gesetz Genüge getan wird.

Ersteres zwingt zu einem gewissen Abstand vom Pferd. Und gerade dies fällt nicht immer leicht. Ein Grund dafür ist der, daß man der »handwerklichen« Komponente dieser Arbeit ein zu großes Übergewicht gegenüber der »erzieherischen« einräumt. Es gibt aber kaum eine bessere Gelegenheit, eine solche erzieherische Tätigkeit beim Pferd auszuüben und die Aufmerksamkeit des Pferdes zu fördern. Natürlich bedarf es gerade dafür einer guten Reaktionsfähigkeit des Ausbilders und einer noch größeren Portion guten Einfühlungsvermögens. Auch der beste Anschauungsunterricht kann diese beiden Voraussetzungen nicht vermitteln, sondern nur intensivste Beschäftigung mit der Materie und eine entsprechende geistige Verarbeitung des Stoffes werden die Erarbeitung des handwerklichen Potentials ermöglichen.

Zur gezielten Anwendung und richtigen Dosierung der Einwirkung kann gesagt werden, daß um jeden Preis eine »Abstumpfung« vermieden werden muß und daher Art, Ort und Intensität der Einwirkung häufig zu wechseln sind. Ziel muß sein, die Aufmerksamkeit des Pferdes schließlich so zu erhöhen, daß schon mit »Andeutungen« der gleiche Effekt wie vorher mit echten Einwirkungen erzielt wird. Dies fordert vom Ausbilder die gleiche Aufmerksamkeit, die er von seinem Pferd verlangt. *Nirgends wirkt sich »Oberflächlichkeit« so negativ aus wie bei der Handarbeit. Sie er-*

*zieht daher nicht nur das Pferd, sondern auch den Lehrer.*
*Eine andere Variante der Handarbeit stellt die von einem Gehilfen unterstützte dar.* In diesem Fall führt der Gehilfe das Pferd am Führzügel und sorgt dafür, daß das Pferd »gehorsam auf dem Hufschlag« bleibt. Dabei beobachtet er vordringlich die aus den Einwirkungen entspringenden Reaktionen des Pferdes und paßt seine eigenen Reaktionen diesen sinnvoll an. Stärkere Widersetzlichkeiten müssen energischer abgestellt werden, wogegen man »auf Spatzen nicht mit Kanonen schießen wird«. Auch hier muß der Gehilfe den Abstand vom Kopf des Pferdes so wählen, daß er das gesamte Pferd zu beobachten vermag und die ihm obliegende erzieherische Tätigkeit wahrnehmen kann. Eine zu nahe am Pferdekopf geführte Hand des Gehilfen wird die Tendenz des Pferdes zum »Hereindrängen« unterstützen, ein Abstand in Führzügellänge dagegen wird der »Erziehung« zum Verbleib auf dem Hufschlag wertvolle Dienste leisten.
*Die eigentliche gymnastizierende Bearbeitung obliegt dem Lehrer.* Eine am äußeren Ring des Kappzaums eingeschnallte und über den Rücken des Pferdes geführte Longe kann noch als weitere Unterstützung seiner »Touchiertätigkeit« eingeplant werden. An dieser Stelle muß auf die Notwendigkeit der Verwendung eines Kappzaums und der notwendigen, richtig geschnallten Ausbindezügel hingewiesen werden. Das Einschnallen von Führzügel und verwendeter Longe in einen Trensenring ist grundsätzlich abzulehnen. Die Nachteile, die damit verbunden sind, sind so gravierend, daß sie in keinem Verhältnis zum Anschaffungspreis der geeigneten Ausrüstung mit Kappzaum stehen. Sie brauchen wohl im einzelnen nicht aufgezählt werden, weil sie schon bei oberflächlichem Nachdenken erkennbar sind.

Auch an der Longe sollte ein Pferd nie ohne Kappzaum gehen, weil auch hier die negativen Folgen die gleichen sind.

Vielleicht noch mehr als bei der Handarbeit ohne Verwendung eines Gehilfen muß hier Bedacht auf die »gymnastizierende Bearbeitung des Gesamtpferdes« genommen werden. Nur zu schnell, besonders bei einem etwas faulen Pferd, ist man mit einer überdosierten Einwirkung auf die Hinterbeine zur Stelle, ohne immer zu bedenken, daß man dadurch dem Pferd die Möglichkeit aufzeigt, wie es sich der anstrengenderen Biegung in den Hankengelenken entziehen kann. Eine kräftige Auf- und Abbewegung der Hinterbeine fällt dem Pferd, da keine vermehrte Gewichtsbelastung damit verbunden ist, leichter als ein Untersetzen mit vermehrter Beanspruchung der Tragkraft. Hat daher ein Pferd einmal diese Vorteile »erkannt«, wird es einer solchen Aufforderung nur zu gerne folgen und brav mit den Vorderbeinen am Boden »kleben bleiben«.

Nicht immer übt die echte Berührung mit der Touchiergerte die größte Wirkung aus, sondern nicht selten hat das Pferd weit mehr Respekt vor der »zwitschernden Gerte«, so daß dieser »Pfeifton« oftmals mit größerem Erfolg angewendet werden kann. *Es wurde bereits gesagt, daß der gefährlichste Feind bei der Handarbeit, wie bei jeder Ausbildearbeit, die Abstumpfung ist.* Eine immer gleichbleibende Form der Anwendung, das Berühren der immer gleichen Körperstelle oder andere, die Aufmerksamkeit des Pferdes kaum mehr beanspruchende Praktiken führen sehr leicht und rasch zu dieser Abstumpfung. Ihr dann später erfolgreich zu begegnen, verlangt meist strafende Einwirkungen, die ihrerseits wieder negative Auswirkungen zur Folge haben können.

Hat das Pferd einmal gelernt, den Lehrer zu verstehen und zeigt es auch bereits genügend Gehorsam bei der Ausführung des von ihm Geforderten, kann man als wertvolle Steigerungsmöglichkeit von Aufmerksamkeit und Gehorsam den Gehilfen weglassen und das Pferd selbst am »verlängerten Zügel« führen. Überhaupt gestattet die Arbeit an der Hand die verschiedensten Variationen, die alle zum gleichen Ziel führen werden, wenn die wichtigen Kriterien für diese Arbeit keinen Moment außer Acht gelassen werden.

*Der eigentliche Sinn und Zweck der Handarbeit ist die zusätzliche Vorbereitung für die Arbeit unter dem Sattel.* Es wäre falsch, würde man beide Ausbildungspraktiken streng voneinander trennen, weil nur die sinnvolle Ineinanderverflechtung die Kontinuierlichkeit der Ausbildung gewährleistet.

Was für die Intensität der Anforderungen und den forderbaren Korrektheitsgrad gilt, nämlich, daß Alter, Ausbildungsstand und Kraft des Pferdes dem Lehrer das richtige Maß vorgeben müssen, gilt besonders dann für die Fortsetzung der Arbeit unter dem Sattel. Das mit zu verkraftende Reitergewicht spielt dabei eine ebenso große Rolle wie die Tatsache, daß unter dem Sattel bereits ein höheres Maß an korrekter Durchführung verlangt werden muß.

Wird man die Hilfen, die dem Reiter im Sattel zur Verfügung stehen, zunächst noch vom Boden aus unterstützen, muß nach und nach deren Unterstützung entbehrlich werden. Ein mit der Handarbeit vertrautes Pferd hat jedoch den Vorteil, daß man sich immer wieder dieser Hilfe bedienen kann, wenn der Elan aus irgendwelchen Gründen einmal nachläßt und seine Auffrischung notwendig wird.

*Wer einmal meisterhaft die Arbeit an der Hand beherrscht, ihre enormen Werte erkannt hat und sie zu nutzen versteht, wird sie in seiner Ausbildetätigkeit nicht mehr missen wollen.* Es wird ihm vielleicht sogar manches kleine Wunder an Korrektur möglich sein, das sonst ausgeschlossen wäre. Ein Reitlehrer, dem dieses Instrument in seiner Ausrüstung fehlt, wird immer wieder auf Fälle stoßen, in denen sich dieses Fehl sehr nachteilig auswirkt.

Faßt man die Zweck und Ziel bestimmenden Punkte der HANDARBEIT noch einmal zusammen, wird man an die praktische Durchführung folgende Forderungen stellen müssen:

☐ *Durchführung nie ohne Verwendung eines Kappzaums!* Die verstärkte Einlage des Nasenriemens, wie sie der gut gearbeitete Kappzaum aufweisen soll, hat nicht nur die »Respekt heischende« Wirkung auf das Nasenbein des Pferdes (wo sie keinerlei Schaden hinterläßt), sondern der Zügelanzug wirkt wunschgemäß »geradlinig« in das Pferd hinein.

Wird dagegen der Führzügel in einen Trensenring eingeschnallt, ist auch dann, wenn der Zügel über das Genick des Pferdes geführt wird, eine einseitige Einwirkung unvermeidlich. Abgesehen von den Schäden auf das Pferdemaul, vermögen hartmaulige Pferde sehr leicht das »Gebiß abzufangen« und die korrigierende Wirkung stark zu drücken.

☐ Der Kappzaum war immer ein sehr wirkungsvolles »gehorsamförderndes« Instrument. *Pferde pflegen sich eine kräftige Einwirkung auf das Nasenbein, dem sie keine Abwehr ent-*

gegenzusetzen vermögen, sehr gut zu merken, und sie bringen daher dieser Einwirkung entsprechenden Respekt· entgegen. Beide bei der Handarbeit eingesetzten »Erziehungshilfen – Zuckerbrot und Peitsche« sollen vor allem auf das gut ausgeprägte »Erinnerungsvermögen« des Pferdes wirken.

☐ *Nicht der Ausbilder, sondern das Pferd soll sich bewegen!*
Zweck der Handarbeit ist es, daß im Zuge dieser Arbeit die »Vorwärtsbewegung« mehr und mehr in eine hankenbiegende »Bewegung auf der Stelle« umgewandelt wird. Dies gelingt aber nur, wenn der Ausbilder nicht selbst »mitläuft«, sondern dem Pferd immer nur so viele Trabtritte gestattet werden, die er ohne viel Eigenbewegung zu beherrschen vermag (d. h. mit Hilfe des Führzügels die Trabbewegung wieder beenden kann).
Ziel: Das Pferd muß sich bei der Andeutung mit dem Führzügel »selbst aufnehmen«!

☐ Um das im Schritt am Führzügel geführte Pferd zum Eingehen in den »Trab-Rhythmus« (Antraben) zu bewegen, muß man zunächst einmal alle dafür zur Verfügung stehenden Hilfen testen. Die wirksamste ist in der Regel das mit der Touchiergerte verursachte »zwitschernde Geräusch«, das man mit »Zungenlauten« noch unterstützen kann.
*Jede rein akustische Hilfe hat den großen Vorteil, daß sie auf den Bewegungsablauf des Pferdes nicht taktstörend wirkt.*
Selbstverständlich gibt es auch Pferde, bei denen man ohne Gebrauch der Touchiergerte nicht auskommt. In diesem Fall soll sie »respekterzeugend« gebraucht werden, ohne zunächst einmal auf Takt oder Bewegungsrhythmus Rücksicht zu nehmen. Die eigentliche »Handarbeit« kann nämlich erst beginnen, wenn das Pferd den Ausbilder versteht und seine Hilfen respektiert.

☐ *Auch der »Punkt«, an dem die Touchiergerte vom Pferd am wirkungsvollsten zur Kenntnis genommen wird, muß vorerst einmal ertestet werden. Es gibt keine dafür »genormte Stelle« am Hinterbein des Pferdes. Selbst seine Kruppe kann sich als sehr geeignet erweisen.*
Wichtig ist immer, daß der Ausbilder nicht gegen den Takt des Pferdes einwirkt, sondern sich dessen Bewegungsrhythmus möglichst genau anpaßt (daher womöglich immer mit akustischen Einwirkungen beginnen und erst zum Touchieren übergehen, wenn das Pferd den Takt gefunden hat und die Touchiereinwirkung nur noch als intensiveren, nicht aber störenden Impuls empfindet).
Auch wenn die Touchiergerte nicht sofort eingesetzt wird, gehört sie aber von Anfang an zur Ausrüstung.

☐ *Ein sehr wichtiges Kriterium für die Handarbeit bildet die strikte Beibehaltung des gewählten Abstandes zwischen Ausbilder und Pferd.* In der Regel sollte er durch die Führzügellänge bestimmt werden (Ausnahmen wären z. B. die Einschaltung von Schritten/Tritten im »Schulterbereich«).
Der Hauptgrund für diesen Abstand ist die dadurch geschaffene Möglichkeit, ständig das Gesamtpferd im Auge behalten zu können. Bleiben Reaktionen des Pferdes (Gegen-die-Hand-Gehen, Hereindrängen, Ausweichen in den Rückwärts-

gang u. ä.) ungeahndet, wird sich das Pferd immer wieder in derartige geringere oder gröbere Widersetzlichkeiten flüchten.

Ein leichtes Anheben der Vorhand (zur Levade) sollte aber eher als Zeichen dafür gewertet werden, daß das Pferd bemüht ist, Gewicht auf die Nachhand zu übernehmen, aber sich in den Hanken noch nicht genügend zu biegen vermag. Es soll daher nicht abgestraft, sondern dies möglichst mit »Worten« abgestellt werden.

- *Die menschliche Stimme spielt bei der Handarbeit eine gewichtige Rolle!*

Das Pferd kann bei entsprechendem Tonfall sehr wohl zwischen Lob und Tadel unterscheiden. Mit Lob darf überhaupt nicht gespart werden. Aber ebenso konsequent müssen Spielereien, Unaufmerksamkeit und natürlich Widersetzlichkeiten abgestellt werden.

- Man führt nach Möglichkeit so lange auf der *»Hand«,* auf der man begonnen hat, bis das Pferd mit den Wünschen des Ausbilders weitgehend vertraut ist und sich auch schon »anfassen« läßt. Ist dann eine ähnliche Vertrautheit auch auf der anderen Hand erreicht, kann man dazu übergehen, während der Übung selbst zu wechseln.

- Der Handwechsel erfolgt in Form eines »In-die-Ecke-umkehrens«, d. h. der Ausbilder stellt sich vor das Pferd, übernimmt den Führzügel von der einen in die andere Hand (analog ebenso die Gerte) und läßt das Pferd von der Wand weg, um sich herum, wieder an die Wand treten. Wechselt er also z. B. von der linken auf die rechte Hand, läßt er das Pferd mit der rechten Hand, die den Führzügel übernommen hat, ohne Verlassen des Platzes um sich herum an die Wand treten und steht dann selbst an der rechten Seite des Pferdes.

- Der Ausbilder steht bzw. bewegt sich ungefähr in Höhe der Pferdeschulter. Der Führzügel soll nur leicht angestellt im rechten Winkel vom Pferdekopf wegführen. Drängt ein Pferd in den Zügel, ist so rasch wie möglich die »richtige Stellung zueinander« wiederherzustellen. Das gleiche gilt für ein Zurückbleiben durch Verhalten oder Widersetzlichkeit (in diesem Fall erreicht der Ausbilder die richtige Position durch ein bis zwei Tritte in Richtung Hinterhand).

- Die Ausbindezügel werden nicht sogleich auf die später benötigte Länge geschnallt, sondern es wird zunächst mit einem Maß begonnen, das beim Pferd keinerlei »Platzangst« aufkommen läßt. Erst wenn es den Ausbindezügel ohne Aufregung akzeptiert, kann nach und nach auf das richtige Maß verkürzt werden.

*Der Ausbinder hat die Aufgabe eines »Bogenspanners«* (Hals-Rückenwirbelsäule-Hanken), *die er aber nur erfüllen kann, wenn sich das Pferd daran abzustoßen vermag.*

*Eine Handarbeit mit einem nicht ausgebundenen Pferd ist wertlos.* Sie verleitet nur zu Ungehorsam und Widersetzlichkeiten.

- *Nur ein Ausbilder, der selbst mit Konzentration, Aufmerksamkeit und Ernst an die Handarbeit herangeht, kann an sein Pferd ähnliche Forderungen stellen.* Letzteres hat seinen Ausbilder ständig im Blickfeld und registriert die unbedeutendste »Rangschwäche« seines Herrn. Es dauert Jahre, bis dieses Rangverhältnis Mensch/Pferd so gefestigt ist, daß es nicht mehr gefährdet werden kann. *Es müssen stets beide Komponenten der Handarbeit im Auge behalten werden: Die physisch-gymnastizierende und die erzieherische.*

Die Ausbildung eines für höhere Dressurziele vorgesehenen Pferdes kann durch diese physisch-gymnastizierende Komponente der Handarbeit ungeheuer bereichert werden. Dies gilt besonders in Fällen, in denen die Voraussetzungen von Haus aus nicht gerade optimal sind.

*Touchierhilfen, die dem Reiter im Sattel vom Boden aus zuteil werden, lassen sich, gemessen am Erfolg, nicht mit gezielter Handarbeit vergleichen.*

Die »erzieherische Komponente« wiederum bietet die Gelegenheit, viele bisher vielleicht verborgen gebliebene Verhaltensweisen oder Reaktionen des Pferdes kennen zu lernen. Außerdem schafft sie Kontakte, die »aus dem Sattel« kaum geknüpft werden können und die der Reiter/Ausbilder so dringend benötigen würde.

☐ Zur Form der Handarbeit, bei der sich der Ausbilder eines Gehilfen bedient:

In diesem Fall führt der Ausbilder das Pferd an einer im äußeren Kappzaumring eingeschnallten und dann über den Rücken laufenden Longe, mit deren Hilfe er die »versammelnden Arrets« gibt und weiters für die Aktivierung der Hankenbiegetätigkeit (akustisch oder mit der Touchiergerte) Sorge trägt. Der Gehilfe führt das Pferd am Führzügel und unterstützt die Arbeit des Ausbilders. Er unterbindet Unarten oder Widersetzlichkeiten. *Man bedient sich der Unterstützung durch einen Gehilfen erst dann, wenn das Pferd mit den Praktiken der Handarbeit weitgehend vertraut ist.*

☐ Die Arbeit an der Hand ist immer an den Beginn der Reitstunde zu setzen. Die dafür aufgewendete Zeit von 10–15 Minuten ersetzt in hohem Maße eine »Lockerung aus dem Sattel«, und man kann im Anschluß daher ohne Bedenken zu einer gymnastizierend-aufbauenden Arbeit aus dem Sattel übergehen. Es wäre im Gegenteil eher nachteilig, würde man das Pferd durch ein sinnwidriges Abreiten wieder aus der wichtigen »Versammlung« entlassen.

# Die Spezialdressur im Grand Prix de Dressage
## Die Hohe Schule

Es wird niemanden wundern, wenn die Früchte der Handarbeit im besonderen Maße den Seitengängen dienlich sind. Schulterherein wie auch Travers und Renvers dienen einerseits selbst zur Hebung der »Kadenz« im Trab oder Galopp, erfordern aber andererseits viel Tragkraft, weil ohne sie das Schränken, Über- oder Vorsetzen leicht zum Verlust der Selbsthaltung führt und statt einer harmonisch-kadenzierten Bewegung ein unansehnliches Eilen daraus wird.

Die große Bedeutung des »Schulterherein« und sein besonderer Ausbildungswert ist darin zu sehen, daß bei korrekter Ausführung die Elastizität der jeweiligen inneren Schulter besonders gefördert und damit gleichzeitig dem inneren Vorderfuß ein freies Aus- und Übertreten ermöglicht wird. Ist der Hals jedoch durch ein falsches Verbiegen in seiner Basis nicht mehr »festgestellt«, führt dies zu einem Einklemmen der Schulter und zur Behinderung von Ober- und Unterarm. Damit geht Sinn und Zweck des Schulterherein und die gewünschte Kadenz bei der Ausführung verloren.

Ähnliche Fehler geschehen bei der Ausführung von Traversalen, ganz gleich ob im Trab oder Galopp. Ein Vorausgehen der Kruppe vor der inneren Schulter hat den gleichen Effekt wie eine Verbiegung im Hals beim Schulterherein. Wiederum wird das innere Vorderbein am freien Vorwärts-Seitwärtstreten gehindert, und die Bewegung verliert ihren erhabenen Charakter und gleichzeitig den Zweck, die von der Balancefähigkeit abhängige Selbsthaltung und Kadenz auszuformen und zu vervollkommen.

Da auch die Galopptraversale von den gleichen Gesetzen geprägt wird, ist eine solche Ausführung im selben Maße nachteilig.

*Zur Hauptforderung für die Arbeit auf zwei Hufschlägen, wozu man die Seitengänge heute zählt, muß daher werden, daß das Pferd stets in sich geradegerichtet bleibt. Die korrekte Biegung steht dieser Forderung nicht entgegen, jedoch ein »Verbogensein«, das immer mit einer Unterbrechung der von den Hinterbeinen bis zum Genick laufenden Schwingungen oder gegenläufig von dort kommenden Impulsen verbunden ist.* Besonders der unnatürliche Knick im Hals wirkt sich durch den gleichzeitig auftretenden Ausfall der äußeren Schulter sehr nachteilig aus. Durch ihn wird der Seitengang zu einer taumelndrollenden Bewegung, der alle Attribute fehlen, die man von ihr verlangt.

Auch das »Verwerfen im Genick« zeigt

an, daß der Schwingungsfluß nicht ausgeglichen ist, sondern durch die ungleiche Bewegung der Hinterbeine eine Störung erfährt. Hier gilt, was für alle Störungen gilt: Sie können nur an der Wurzel behoben werden! Einwirkungen mit dem Zügel sind fast immer fehl am Platz, vor allem dienen sie nicht einer Dauerbehebung.

Selbstverständlich verlangt ein korrektes Abbiegenkönnen im Genick und im Hals eine Beweglichkeit in den einzelnen Wirbelverbindungen. Gerade weil die Verbindung zwischen Hinterhaupt und dem ersten Halswirbel oft dergestalt ist, daß dem Pferd an dieser Stelle das Abbiegen zunächst noch (oder sogar für immer) schwer fällt, ja schmerzhaft ist, biegt es sich lieber nach dem zweiten oder dritten Halswirbel. Schraubt man in diesem Fall die Ansprüche zu hoch oder macht die notwendigen Abbiegeübungen falsch, weil man z. B. die Nase des Pferdes mehr nach dem Sattel statt nach dem Buggelenk richtet, entstehen die nachteiligen Kopfhaltungen (Verwerfen).

Genauso ist es notwendig, daß bei den Abbiegeübungen, auch wenn die Biegung zwischen zweitem und drittem Halswirbel gestattet werden muß, der Kopf nicht zu tief und die Stirnlinie hinter die Senkrechte gerät.

Weil ungünstige Wirbelverbindungen oftmals Schmerzen bei den Abbiegeübungen hervorrufen, gehören Widerstände anfangs zur Tagesordnung. Je vorsichtiger und rücksichtsvoller man diese Arbeit durchführt, desto besser werden die Erfolge sein.

Alle »Seitengänge« dienten (und dienen auch heute noch!) der Festigung der Selbsthaltung und Balancierfähigkeit während des Übertretens (Schränkens). Dieses Ziel kann aber nur mit einer Ausführung verfolgt werden, bei der die Schulter »entbunden« wird und der jeweils stützende Hinterfuß durch ein entsprechend kräftiges Untertreten dieser Stützaufgabe auch gerecht werden kann. Jede »Mehrforderung« würde dieser Zielsetzung entgegenstehen. Es kann auch die geforderte Biegung in der Halswirbelsäule nicht stärker als im Rücken- und Lendenwirbelsäulenabschnitt sein. Nur wenn diese Attribute einer für das Pferd angenehmen »Selbsthaltung« vorhanden sind, kann die darin ausgeführte Bewegung Kadenz und Ausdruck bekommen.

*Man wird nie von »richtiger Stellung« sprechen dürfen, wenn eine übertriebene Verbiegung im Hals die richtige Beinsetzung und damit den richtigen Bewegungsfluß hindert.* In den Zeitepochen, in denen noch »in den Pilaren« gearbeitet wurde, wurden die ersten Übertretversuche zwischen den Pilaren geübt. Damit war die Gewähr der richtigen Fußsetzung und Biegung gegeben.

Mit der richtigen Bewegungsmanier ist auch das notwendige Herantreten ans Gebiß verbunden. »Hinter dem Gebiß bummelnde« Pferde können nie zu energischer Hinterhandtätigkeit angehalten werden, und es würde z. B. beim Schulterherein die Bewegung der Hinterbeine einem »Nachziehen oder Nachschleppen« gleichen. Nur wenn die seitwärtstreibenden sich mit den vorwärtstreibenden Hilfen vereinen und energisch genug angewendet werden können, wird der verfolgte Zweck, die Hinterhandgelenke zu vermehrter Aktivität anzuhalten, erreicht werden können.

An dieser Stelle sei aber noch auf einen weiteren Nachteil »hintenhinausarbeitender« Hinterbeine hingewiesen: Pferde, die ihre Beine nicht genügend oder nur mit steifen Gelenken nach vor bringen, setzen mit dem Zehenrand meist hinter dem Fesselkopf auf und »überköten« sich dadurch. Dies hat sehr häufig einen viel zu frühen Verbrauch oder zumindest eine Anfälligkeit der Fesselgelenke zur Folge.

Das Treten der Vorderbeine ist in hohem Maße von der Aktivität der Hinterbeine abhängig. Es gibt Pferde, denen die Natur eine großzügige Schulterfreiheit mitgegeben hat und denen daher eine ausreichende Aktion überhaupt nicht schwer fällt. Bei anderen weniger begünstigten aber muß diese Schulterfreiheit erst erworben werden, und dazu bedarf es der Bearbeitung der Hinterhand.

Wenn bei der Ausbildung in der Piaffe oder Passage immer wieder auch der Einsatz der Gerte an den Vorhandröhrenknochen notwendig ist, beweist dies meist, daß die Hinterbeine noch nicht ausreichend imstande sind, den Vordergliedmaßen eine freiere Bewegung zu ermöglichen.

*Jedes Übertreten, wie später auch das vermehrte Untertreten auf gerader Linie in der Piaffe oder Passage, kann korrekt nur bei genügender Beizäumung und Aufrichtung ausgeführt werden.* Ob im Schritt, Trab oder Galopp, es wird immer eine deutliche Versammlung (also Verkürzung des Rahmens) Voraussetzung sein. Ein »auseinandergefallenes« Pferd kann keinen korrekten Seitengang gehen, und noch weniger später eine der »Hohen Schule« zuzuordnende Bewegungsart ausführen. Wer hier also mit falschen Vorstellungen an diese Ausbildungsphase herangeht, wird den dafür gültigen, weil den körperlichen Gegebenheiten angepaßten Gesetzen zuwiderhandeln.

Selbst eine extrem hohe Aufrichtung, wenn damit eine in allen Gelenken erkennbare Beizäumung verbunden ist, die das Durchlassen der Reiterhilfen gewährleistet, muß keineswegs falsch oder nachteilig sein. Ein dafür ausgebildetes Auge wird die richtigen Körperproportionen ohne weiteres erkennen und richtig einstufen können. Vor allem wird die »gesenkte Hinterhand« ein äußeres Zeichen dafür sein, daß der Ausbildungsaufbau richtig ist und nicht zwischen zwei unnatürlich hohen Pfeilern (Kruppe und Widerrist mit hoch aufgesetztem Hals) eine »Hängebrücke«, sprich Rücken, vorhanden ist.

*Der Versammlungsgrad eines Pferdes muß sich im Laufe der (Spezial-Dressur-) Ausbildung ständig verändern (verbessern).* Er kann ausschließlich am Grad der Ausformung von Trag- und Schubkraft und der davon abhängigen Bereitschaft des Pferdes gemessen werden, sich in den Hankengelenken zu biegen und vermehrt unter den Schwerpunkt treten zu können. Selbstverständlich wird der sich ebenfalls verändernde Grad der Aufrichtung auch den Gesamtausdruck verändern.

*Obgleich es eigentlich zu den Selbstverständlichkeiten zählen müßte, daß die in der obersten Dressurstufe verlangten Gänge und Lektionen einen wesentlich anderen Versammlungsgrad aufweisen müssen als jener, der noch für die Klasse M ausreichen mag, muß man leider feststellen, daß diese Selbstverständlichkeit nicht zum allgemeinen Wissensgut gehört* (man sollte sich dann aber nicht wundern, wenn sich dieses Nichtwissen in einer entsprechenden Note niederschlägt!).

Alle Gänge und Touren, die einen »extrem hohen Versammlungsgrad« verlangten, bezeichnete man einst als »Schulgänge« (Schulschritt, Schultrab und Schulgalopp). Die Parade, die nach einem entsprechenden Untertritt ein hohes »Beharrungsvermögen« verlangte (also keinen Tritt vor oder zurück gestattete) als »Schulparade«. Mit der Eleminierung dieser Begriffe aus dem Vokabular verbreitete sich die fälschliche Meinung, der versammelte Gang sei ein »festumrissener Begriff«, der dem Pferd in der Klasse S das gleiche Aussehen und die gleiche Gangmanier gestatten würde, wie in den Klassen L und M. Der Sprung in die höchste Dressurklasse ist daher nicht mit »nachträglich angelernten Hufschlagfiguren« zu bewältigen, sondern verlangt ein deutlich verändertes Leistungspensum, dessen Ursprünge aber schon weit zurückreichen müssen.

*Der Galopp bildet neben den Seitengängen und einer eventuell in das Programm eingebauten Handarbeit die wichtigste Unterstützung der Biegearbeit an den Hinterhandgelenken.* Um diese biegende Wirkung jedoch herausarbeiten zu können, bedarf es eines richtigen Sitzes, der den Reiter einerseits geschmeidig im Sattel und damit »an den Hilfen« bleiben läßt und andererseits durch die konstant am Pferdeleib liegenden (vor allem nicht ständig ihren Platz wechselnden) Schenkel und die ruhig gegenhaltende Hand die Abgabe der sich gleichmäßig wiederholenden Impulse ermöglicht.

Obgleich die eigentlich biegende Arbeit im »versammelten Galopp« durchgeführt wird, der nach und nach bis zum »Schulgalopp« gesteigert werden muß, weil der entwickelte Schwung bei der herbeigeführten künstlichen Verkürzung die Hinterbeine zu extremer Tätigkeit veranlaßt und gleichzeitig dadurch das Leichterwerden der Vorhand fördert, vermehren immer wieder dazwischen eingelegte Tempowechsel die so wichtige Rückentätigkeit.

Eine schulterherein- oder schultervormäßige Stellung, wie sie früher unter dem Begriff »Plié« auch im Galopp angewendet wurde, diente einer noch effektiveren Förderung von Biegung und Selbsthaltung.

Die Bezeichnung »Bergauf-Galopp« gibt allein schon durch die Wortzusammenstellung den Wunsch wieder, daß der Anblick des galoppierenden Pferdes durch das mit dem kraftvollen Unterspringen bei gleichzeitigem deutlichen Aufwölben des Rückens verbundene Tieferwerden der Kruppe und dem daraus resultierenden Leichterwerden der Vorhand bei unverminderter natürlicher Aufrichtung der Eindruck eines »Bergaufritts« entstehen soll.

Je deutlicher dieser Eindruck vorhanden ist, desto besser sind die Kriterien des Galopps herausgearbeitet. Neigt ein Pferd dazu, sich die durch ein korrektes Fußen der Hinterbeine in Richtung Vorderbeine bedingte vermehrte Anstrengung durch ein »Schiefwerden« zu erleichtern, muß zunächst die Anforderung etwas zurückgeschraubt und nachhaltig an der wahrscheinlich verminderten Kraft der betreffenden Hinterhandgelenke gearbeitet werden.

Auch der fliegende Galoppwechsel gehört in das Repertoire dieser Ausbildungsstufe. Obwohl dieser einem Pferd kaum eine Schwierigkeit bereitet, wird er im Zuge der Ausbildung für viele Reiter und Pferde zu einem echten Alptraum. Dies liegt fast ausschließlich an den »Verständigungsschwierigkeiten«. Dazu kommt, daß im Zuge dieser Verständigungsschwierigkeiten die Hilfen nicht nur im falschen Moment, sondern meist noch viel zu »kraftvoll« gegeben werden, und sich auf diese Weise zum Nichtbefolgenkönnen auch noch Aufregung gesellt, aus der schließlich bei

Fortdauer solcher Einwirkungen eine echte psychische Widersetzlichkeit entsteht.
*Die sinnvollste und daher zweckmäßigste Vorbereitung besteht darin, sich zunächst einmal mit den Hilfen auseinanderzusetzen, die zum Angaloppieren benötigt werden.* Sie werden in der gleichen Form auch für den Wechsel benötigt. Dazu kommt nur, daß das Pferd durch Arrets (halbe Paraden) etwas zurückgenommen und durch vermehrte Versammlung dafür vorbereitet wird. Gleichzeitig mit dieser Versammlung wird es schon für die »Umstellung« vorbereitet, d. h. die alte Innenstellung aufgegeben und damit dem Pferd angedeutet, daß man die »Hand wechseln will«. Mit dem Vorgehen des neuen inneren Schenkels und dem verbundenen Impuls an den bisherigen »äußeren« Hinterfuß, diesem vorgehenden Reiterschenkel zu folgen und zum neuen »inneren« Hinterfuß zu werden, wird die Einwirkung fortgesetzt und abgeschlossen. Ein im selben Moment gegebener Arret mit dem neuen »äußeren« Zügel, womit die äußere Seite des Pferdes etwas zurückgehalten und der inneren der »Vortritt« gelassen werden soll, wird diese Einwirkung noch sehr zweckmäßig unterstützen.
*Sicherlich falsch und der Verständigung sehr im Wege stehend ist ein kraftvolles Herumreißen mit dem neuen »inneren« Zügel und das damit verbundene »Erzwingen« der neuen Stellung.*
Daß Pferde trotz dieser nachteiligen Einwirkung schließlich doch den Wechsel ausführen, ist, wie vieles andere, dem überragenden anatomischen Gesetz zuzuschreiben, das einem Pferd die richtige Ausführung aufzwingt, auch wenn der Mensch mit seinen Einwirkungen »dagegenkämpft«.
Wie leicht dem Pferd der Wechsel wirklich fällt, kann man daraus entnehmen, daß es oftmals »umspringt«, ohne daß es der Reiter will, daher auch keine dementsprechenden Hilfen gegeben, sondern bestenfalls die »alten Hilfen« fortzusetzen vergessen hat.

Als wichtige Voraussetzung für den »Seitengang im Galopp« (Travers oder Renvers, der Plié wird heute nicht mehr geritten) ist die gute Selbsthaltung im »Außen- oder Kontergalopp«. Hier muß zu den konstant angewendeten inneren Schenkel- und den die Stellung erhaltenden inneren Zügelhilfen die für das Pferd spürbare Wirkung der äußeren (verwahrenden) Schenkel- und Zügelhilfen treten. Auch der Sitz des Reiters spielt hierbei eine entsprechende Rolle: Ein Zurückbleiben der Hüfte und Schultern ist ebenso nachteilig wie ein übertriebenes Vorgehen oder Einknikken. Fortschritte kann es in diesem Ausbildungsstadium des Pferdes überhaupt nur geben, wenn Sitz und Einwirkungen so gezielt den Forderungen an das Pferd angepaßt sind, daß auch seine immer notwendiger werdende »Feinabstimmung« dabei Fortschritte macht.

Wie schon die Seitengänge im Trab müssen auch die im Galopp ausgeführten den Ausdruck einer absoluten Selbsthaltung und einer damit auf das engste verbundenen Kadenz besitzen. Die Seitwärtsbewegung muß daher immer dieser Forderung angepaßt sein. Wird durch ein übertriebenes Schränken oder Übertreten das Auf- und Abwölben des Rückens unmöglich gemacht, wird ganz automatisch die Kruppe höher, und die Hinterbeine bleiben mehr und mehr hinten draußen (und damit bekommt der Galoppsprung einen sich dem »Vierschlag« nähernden Takt).

Auch der Widerstand gegen die Biegung und Stellung und damit meist deren Verlust kann mit einer übertriebenen Seitwärtsbewegung verbunden sein.

Sollte sich der Ausbilder oder Reiter zu den großen Vorzügen der »Handarbeit« bekennen und sie daher in sein Ausbildungsprogramm einbauen, dann wird er nicht nur die dabei erzielten wichtigen physischen Vorzüge dankbarst in das Programm »unter dem Sattel« einbauen, sondern auch die psychologische Arbeit fortsetzen. Vielen Reaktionen des Pferdes, die er während dieser Handarbeit kennengelernt hat, wird er jetzt um vieles sicherer und ausgewogener begegnen können. Temperament, Sensibilität und Charakter, deren Bedeutung mit dem Fortschreiten des Ausbildungsgrades immer mehr an Bedeutung gewinnen, sind ihm längst nicht mehr fremd, und damit wachsen auch die psychischen Voraussetzungen des »Gehorsams«.

Mit der auf diese Weise gewonnenen Sicherheit bekommen alle reiterlichen Einwirkungen ein völlig verändertes Gesicht und Gewicht. Auch der Sitz wird in manchen sonst vielleicht kritischen Situationen seine Stabilität behalten, und damit werden Aufregungszustände auf ein Minimum reduziert.

Ein häufigerer Wechsel zwischen Handarbeit und Arbeit unter dem Sattel wird immer wieder erstrebenswert sein. Ebenso selbstverständlich sollte sein, daß man sich bei auftretenden Schwierigkeiten in der Arbeit unter dem Sattel wieder jener Vorteile bedient, die mit einer Korrektur »an der Hand« verbunden sein können.

Um es hier noch einmal deutlich zu sagen: Unter der »Arbeit an der Hand« sollte auf keinen Fall ausschließlich die Vorbereitung für die Piaffe, sondern vorrangig ihre gymnastizierende Bearbeitungsmöglichkeit der Hinterhandgelenke und vor allem die für Reiter und Pferd gleich wertvolle erzieherische Bedeutung gesehen werden.

An vielen Beispielen konnte festgestellt werden, daß jeder, der sich mit den Kriterien dieser Tätigkeit näher befaßt und ihren Wert zu erkennen begonnen hat, von einer echten Lust erfaßt wurde und in der ausbilderischen Tätigkeit plötzlich deren kreative und daher ganz anders befriedigende Komponente entdeckt hat.

Für den guten Reitlehrer sollte die Fähigkeit, diese Lust in jedem seiner Schüler zu wecken, zum selbstverständlichen Marschgepäck gehören. Mag heute der Boden für ein Gedeihen solcher Wunschvorstellungen noch nicht genügend vorbereitet sein und für die nächste Zeit noch die jetzt übliche Ausbilder- und Reitermentalität Gültigkeit haben, werden vielleicht doch die vielen anderen Werte, die in einer engeren Bindung an dieses edle Tier schlummern können, wieder an Durchschlagskraft gewinnen.

Fällt bereits der einfache fliegende Galoppwechsel einem Reiter leichter, der über ein ausgeprägteres Einfühlungsvermögen verfügt und den Galopprhythmus zu spüren vermag, wird er in noch viel höherem Maß bei den Changements nach einer bestimmten Zahl von Sprüngen (die immer nach dem auffußenden inneren Vorderbein gezählt werden) davon profitieren. Im besonderen Maß gilt dies für die Wechsel von Sprung zu Sprung. Dieses Changement wurde lange als nichtklassische Übung abgelehnt, gehört aber heute zum selbstverständlichsten Forderungskatalog des Grand-Prix-Pferdes.

Vom Pferd muß für diese Übung bereits eine entsprechend fortgeschrittene

Feinabstimmung auf die Reiterhilfen verlangt werden, vom Reiter vor allem eine Hilfengebung, die dem Rhythmus angepaßt sein und eine Intensität haben muß, die vom Pferd erfaßt, aber vom Betrachter weniger auffallend gesehen werden sollte. Jedes übertriebene Umstellen des Kopfes, eine übertriebene Schenkelbewegung und vor allem ein »Herumspringen im Sattel« mindert den Wert herab und stört sehr oft den »Galoppfluß« und das geradlinige Vorwärtsspringen.

Mit der Aufgabe des korrekten Sitzes kann es außerdem zu einem nachteiligen Heben der Kruppe (als Folge eines weniger gesetzten Vorbringens der Hinterbeine) und einer Mehrbelastung der Vorhand (mit einem Tieferstellen von Hals und Kopf) kommen.

Erfolgt das »Umstellen« durch eine unnötig harte Handeinwirkung, wird in der Folge oft der Augenblick versäumt, der durch ein leichtes Nachgeben der neuen inneren Schulter die notwendige Bewegungsfreiheit gewährt.

Wird besonders bei den Changements von Sprung zu Sprung die Reiterschenkelbewegung zu »weiträumig« ausgeführt, hat dies sehr leicht eine Rhythmusstörung und bei zu kräftigem Einsatz des verwahrenden äußeren Schenkels ein Schwanken zur Folge.

*Ein Reiter, der nicht selbst einmal dieses Gefühl der richtigen Hilfengebung von einem »ausgebildeten Pferd« vermittelt bekommen hat, wird schwerlich ein Pferd bis zu dieser Stufe aufbauen können.* Die Ausbildung eines Pferdes für eine höhere (und im besonderen für die höchste) Dressurstufe verlangt nicht nur vom begleitenden Ausbilder, sondern auch vom Reiter Voraussetzungen, mit deren Hilfe er dem Pferd immer um einen Schritt voraus sein kann. Solche Voraussetzungen holt man sich aber in der Regel auf einem ausgebildeten Pferd. Obwohl ein von Reiter und Pferd gemeinsam vollbrachter Aufstieg sicher die Krönung der Lehrtätigkeit eines Ausbilders darstellt, wird eine solche Leistung wahrscheinlich immer zu den seltenen Ausnahmen gehören. Darin unterscheidet sich die Reitkunst von manchen anderen Künsten, bei denen eine überragende Kreativität des Schülers schon eine ausreichende Basis sein kann.

Auch wenn heute der Übergang von der mittleren zur obersten Dressurausbildungsstufe für viele Reiter als ein »fließender, nur von ausreichender Erfahrung in der vorangegangenen Stufe abhängiger« angesehen wird, kann dem nicht zugestimmt werden.

*Turniererfahrung allein ersetzt bestimmt nicht jene Kriterien, die nur in einer dem Ziel gerecht werdenden Ausbildung erworben werden können.*

Der Grundsatz, daß man einen Bau am besten und sichersten auf einer soliden Grundfestung fortsetzt, ist immer noch gültig. Das heißt aber, daß schon in diese Grundfestung das notwendige »Eisen« eingebracht werden muß, um die Stabilität auch der oberen Teile zu gewährleisten. Auf die Ausbildung des Pferdes umgelegt, verlangt dies vom Ausbilder, daß er schon frühzeitig sein Ziel kennen muß, um rechtzeitig diejenigen Leistungen einzubauen, die später nicht mehr in der gleichen Qualität nachgeholt werden können.

Das Vorhandensein günstiger oder weniger günstiger Voraussetzungen zeigt sich schon sehr früh. Besonders Charakter, Sensibilität, Intelligenz und die überaus notwendige Mitarbeitsbereitschaft sollen im Laufe dieser ersten Jahre abgewogen werden, um nicht später allzu harte Enttäuschungen erleben zu müssen. Wie bereits ausgesagt,

ist vor allem die Arbeit an der Hand ein besonders geeignetes Mittel, diese Voraussetzungen zu ergründen.
Mängel bei den physischen Voraussetzungen müssen etwas anders beurteilt werden: Sind sie so gravierend, daß mit einer Behebung nicht gerechnet werden kann, werden sie wohl kaum übersehen werden können. Schätzt man sie als behebbar ein, wird man ihnen eine entsprechend vermehrte Aufmerksamkeit schenken müssen, ohne sie aber dem Pferd als »Negativum« anlasten zu dürfen, sondern im Gegenteil womöglich noch eine psychische Sonderbehandlung miteinfließen lassen. Es gibt kaum eine Kreatur, die dies nicht zu spüren vermag, wenngleich man hier nicht immer die dem Menschen gebräuchlichen Maßstäbe anlegen kann.
Konnte man also bisher schon einzelne wichtige Elemente in die bisherige Ausbildung einbauen, verlangt die Fortsetzung nunmehr eine spezifische, den Anforderungen angepaßte »Spezialausbildung«. In ihr muß nicht nur die besondere körperliche Vorbereitung den entsprechenden Platz einnehmen, sondern das Pferd muß vor allem auch mit den durch die Spezialverwendung auf es zukommenden psychischen Besonderheiten vertraut gemacht werden.
Weil es aber heute schon zur Selbstverständlichkeit des Turniergeschehens gehört, daß das »Spezialistentum« bereits auf einer tieferen Ebene, ja eigentlich unmittelbar nach der Grundausbildung Platz greift, wird der Lehrer oder Ausbilder einer neben der allgemeinen Ausbildung schon einher gehenden »Spezialausbildung« für Spring- und Vielseitigkeitspferde (und deren Reiter) Rechnung tragen müssen.
Trotzdem aber muß für einen seine Aufgabe ernst nehmenden Lehrer die »allgemeine, der grundsätzlichen Formung dienenden und die Kräfte fördernde Ausbildung« (die weitgehend mit der Vorbereitung eines Pferdes für die unteren Dressuraufgaben identisch ist) ihren hohen Wert behalten.
Gerade das heutige Springsportgeschehen zeigt sehr deutlich, daß Spitzenplätze nur erreicht werden können, wenn Reiter und Pferd über die dafür notwendige Voraussetzung verfügen. Das nur oberflächlich oder gar nicht ausgebildete Pferd stellt ein für die Anforderungen unvorbereitetes Pferd dar. Für den Reiter gilt dasselbe. Das Springvermögen eines unausgebildeten Pferdes reicht, sofern es ausreichend springwillig ist, in der Regel aus, mit einem Reiter auf dem Rücken Hindernisse zu überspringen, die seinen Körpermaßen angepaßt sind. Gehen diese Maße über die mitgebrachten natürlichen Anlagen hinaus, wird das für jeden »Hochleistungssportler« gültige Gesetz wirksam: Es bedarf einer über das nur vom Wollen und den natürlichen Voraussetzungen diktierte Maß hinausgehenden Ausbildung und Vorbereitung. Von den Gefahren, die für Mensch und Pferd durch eine solche Nichtvorbereitung einhergehen, soll gar nicht gesprochen werden!
*Es wird für einen Lehrer oder Ausbilder nicht schwer sein, auch die speziellen Voraussetzungen, die ein von ihm betreuter Schüler bis zur mittleren Stufe benötigt, erwerben zu helfen. Die Fortsetzung der Ausbildung darüber hinaus wird auch vom Lehrer eine spezielle Befähigung verlangen.*
Der Grundsatz, daß der Lehrer seine Virtuosität vor allem in dem von seinen Schülern erreichten Ergebnis nachweisen sollte, hat für jede Disziplin der Reiterei Gültigkeit. So wertvoll dabei das bewiesene oder immer wieder un-

ter Beweis gestellte eigene praktische Können ist, es wird ihn nicht von der Aufgabe entbinden, auch den Schüler über die »Tonleiter« hinauszubringen.

Aus mehreren, für jedermann wahrscheinlich verständlichen Gründen ist es nun nicht möglich, dem für alle Disziplinen gültigen allgemeinen Ausbildungsteil hier einen für den einzelnen gültigen »gehobeneren« Teil anzuschließen. Weil jedoch das bisher über die Ausbildung von Reiter und Pferd Gesagte bereits als wichtige »Spezialvoraussetzung« für die nächste Dressurstufe angesehen werden kann, ist ein Weitergehen in dieser Disziplin möglich.

Es wurde bereits ausgesagt, daß die über das »Campagneschulmaß« hinausgehende Ausbildung eines Pferdes, um es entweder in den höchsten Dressurbewerben erfolgreich einsetzen zu können oder um einfach nur dieses Ziel für sich und sein Pferd anzustreben, die Beurteilung des Vorhandenseins oder Nichtvorhandenseins bestimmter Voraussetzungen bei Reiter und Pferd notwendig macht. Die erfolgreiche Bewältigung der bisher gestellten Anforderungen können, müssen aber nicht unbedingt eine ausreichende Basis dafür bieten. Der Lehrer, dem ein Urteil über zu erwartenden Erfolg oder Mißerfolg abverlangt wird, sollte somit fast über eine Art visionäre Gabe verfügen. Nicht allzu schwer wird ihm aber eine solche Voraussage fallen, wenn er um die wichtigsten Kriterien für das Erreichen dieses Zieles weiß. Nur gehört oftmals eine große Portion Mut dazu, das Kind beim Namen zu nennen.

Es macht einen Unterschied, ob ein Schüler dieses Ziel mit oder ohne Turnierambitionen anzustreben beabsichtigt. Nicht etwa deshalb, weil es der eine nur mit halber Kraft ansteuern braucht, wogegen der andere mehr Anstrengung aufzuwenden hat, sondern weil der Turnierbewerb keine Rücksicht auf die starken oder schwächeren Seiten von Reiter und Pferd nimmt. Kann sich der Reiter ohne Turnierambitionen sozusagen »die Latte selbst legen«, wird sie dem anderen »gelegt«.

Als wertvolle Unterstützung für die Beurteilung der Eignung für die höchste Ausbildungsstufe können daher die Lektionen des St. Georg und der Intermédiaire I und II angesehen werden.

Gerade beim Pferd können manche eindeutig fehlenden Anlagen auch durch die Ausbildung nicht wettgemacht werden. Andererseits muß man aber auch sagen, daß dies vice versa auch für Anlagen gilt, denen die nötige formende Bearbeitung nicht zuteil wird.

Eine der obersten Ausbildungsstufe zuzuordnende Dressuraufgabe verlangt heute ein Pferd, das sowohl über die klassischen Hohe-Schule-Anlagen verfügt, gleichzeitig aber auch höchsten Raumdeckungsanforderungen gerecht werden soll. Nur Pferde, die über beides verfügen und zusätzlich von einem Reiter entsprechend optimal vorgestellt werden können, werden mit Spitzenplätzen in der Beurteilung rechnen können.

Es ist einleuchtend, daß beim Vorhandensein ziemlich ausgeglichener Voraussetzungen seitens des Pferdes dem reiterlichen (und Ausbildungs-) Faktor größere Bedeutung zukommt. Hier spielt vor allem die Qualität des Sitzes eine besondere Rolle. Die Qualität des Reitersitzes und seine Attraktivität sind nicht ein und dasselbe. Letzteres hängt sehr weitgehend von der Figur ab, wogegen ersteres die Einwirkung auf das Pferd bestimmt und daher auch entsprechend beurteilt und benotet wird.

Nun sollen diese Hinweise nicht etwa dazu dienen, auch nur einen einzigen Reiter von der Fortsetzung des Ausbildungsweges abzuhalten, sondern jede Anhebung des Niveaus kann nur aufrichtig begrüßt werden. Wer den Wert der Ausbildung kennen und schätzen gelernt und vielleicht sogar empfunden hat, daß Erreichtes umso mehr beglücken kann, je steiniger die Wege dorthin waren, der wird fortsetzen, auch wenn er weiß, daß unüberwindbare Hindernisse das Erreichen des höchsten Gipfels verhindern werden.

Der Reitlehrer, der den großen Vorgängern dieses Berufes ebenbürtige Leistungen an die Seite stellen möchte, darf daher auf diesem Weg nicht nur Helfer, sondern um vieles mehr Ansporner sein.

Obwohl die Kriterien der »Piaffe« in der gesamten einschlägigen Reitliteratur ziemlich klar und unmißverständlich niedergelegt sind, sind die Pferde, die eine wirklich korrekte und ausdrucksvolle Piaffe zeigen, ausgesprochen selten. Dafür gibt es einige stichhaltige Gründe: Das heute bevorzugte Pferd für die großen Dressurbewerbe ist ein mit vielen Vorzügen ausgestattetes, vor allem auch dem weniger guten Reiter sehr »entgegenkommendes« Zuchtprodukt, das in erster Linie mit seiner überragenden Bewegungsmanier und einem Exterieur besticht, das jeder Reiterfigur angepaßt ist. Zweifellos stecken in vielen dieser Pferde auch genügend Voraussetzungen für jene Gänge, die man der Hohen Schule zuordnet, also Piaffe und Passage, nur verlangen diese eine noch rechtzeitigere »Bearbeitung« als etwa Pferde, die durch Jahrhunderte gezielt dafür gezüchtet wurden. *Versäumt man diesen rechtzeitigen Beginn und wendet sich dieser Aufgabe erst sozusagen als Abschluß der Ausbildung zu, hat der Gelenk-, Bänder- und Muskelapparat eine Form und Festigkeit erreicht, die nur noch schwer veränderbar ist.* Selbst eine Bearbeitung an der Hand wird in diesem Stadium meist nicht mehr die erhofften Erfolge mit sich bringen, vor allem schon allein deshalb nicht, weil die Geduld des Ausbilders meist nicht ausreichen würde, den mit Sicherheit auftretenden Widerwillen des Pferdes abzubauen.

Eng verknüpft mit diesem Grund ist ein zweiter, nämlich der, daß vielen Ausbildern und autodidakten Reitern gerade für diese Arbeit oftmals die praktischen Erfahrungswerte fehlen.

Diesem durch diese Gründe bedingten bewußtem Verzicht kommt noch ein weiterer Faktor sehr entgegen, nämlich die Gestaltung der höchsten Dressurbewerbe, in denen die Kriterien der Hohen Schule nur in einem relativ bescheidenen Maß beurteilt und benotet werden.

Weil die Piaffe aber nicht nur ein mehr oder weniger »gefürchteter« Teil einer Dressuraufgabe sein soll, sondern als eine rechtzeitige und gezielte Vorbereitung die gesamte Ausbildung stark beeinflußt und dem Pferd oftmals damit eine völlig andere »äußere Form« verleiht, sollte kein Ausbilder oder autodidakter Reiter darauf verzichten, sich mit dieser Materie theoretisch und praktisch auseinanderzusetzen.

Als Grundlage für die Auseinandersetzung mit der Theorie kann ruhig die im Reglement der FEI verwendete und in fast alle »Nationalen Reglements« mit gleichem oder ähnlichen Wortlaut übernommene Definition herangezogen werden, die besagt, daß *»die Piaffe eine Bewegung ist, die im Takt und in der Fußfolge des Trabs bei gutgebeugten Hanken fast auf der Stelle ausge-*

*führt wird. Das Pferd soll dabei deutlich auf die Hinterhand gesetzt sein, wodurch ihm ermöglicht wird, damit einen Großteil der Gesamtlast zu tragen.«* Weiters heißt es, daß *»die Tendenz nach vorwärts erhalten bleiben muß«.*
Um aber dieser geforderten Beinbewegung, die ein Anheben der Vorderbeinhufspitze bis zur Röhrbeinmitte des Stützbeines und der des diagonalen Hinterfußes bis knapp über den Fesselkopf verlangt, den Ausdruck höchster Konzentration und Erhabenheit zu geben, müssen die Hinterhandgelenke eine entsprechend ausgeprägte Trag- (und Spann-)kraft besitzen. Ein großer Teil davon kann durch die gymnastizierende Ausbildearbeit an der Hand, der Rest durch richtige Arbeit im Sattel erworben werden.
Fällt diese Vorbereitung an der Hand weg, muß unter dem Sattel so frühzeitig damit begonnen werden, daß dieser Ausfall weitgehend wettgemacht werden kann. *Die weitverbreitete Meinung, daß diese Arbeit, wenn man mit ihr schon bald nach der Grundausbildung beginnt, Nachteile für die Gesundheit mit sich bringt, entbehrt jeglicher Beweise.* Selbstverständlich wird jeder denkende Ausbilder dabei mit der notwendigen Vorsicht vorgehen und die Anforderungen den Gegebenheiten anpassen.
Wenn die Ausbildung unter dem Sattel durch Touchierhilfen vom Boden aus unterstützt wird, müssen die für die Handarbeit gültigen Gesetze mit der gleichen Sorgfalt beachtet werden: *Vorrangig zählt dazu, daß nur in Richtung Schwerpunkt arbeitende Hinterfüße ein »Setzen« und damit eine vermehrte Gewichtsaufnahme ermöglichen können.* Besonders aber faule oder mit wenig Sensibilität ausgestattete Pferde verleiten einen vom Boden aus Helfenden zu einem entsprechend kräftigen Touchiergerteneinsatz, dem ein solches Pferd dann in der Form einer Auf- und Abbewegung begegnet, statt stützend in Richtung Schwerpunkt zu treten. Hat ein Pferd aber diese weniger anstrengende »Ausflucht« erkannt, wird es jeder weiteren Aufforderung immer in der gleichen Weise nachkommen. Damit ist aber gleichzeitig ein »Wegdrücken des Rückens« und als logische Folge ein »Kleben mit den Vorderbeinen« verbunden.
*Man wird also einem solchen »Anerbieten« des Pferdes nicht durch ein noch kräftigeres Touchieren begegnen dürfen, sondern muß zu einer gymnastizierenden Biegearbeit zurückkehren und durch ebenso häufig eingeschaltete Übergänge und Paraden den gewünschten Untertritt herausarbeiten.*
Eine weitere Ausflucht des Pferdes muß in einem deutlichen Seitwärtstreten gesehen werden. Auch in diesem Fall will sich das Pferd die anstrengende Gewichtsaufnahme ersparen. Es gelten hier somit die gleichen Gesetze für die Korrektur.
*Für den Reiter, der ein Pferd aus dem Sattel in der Piaffe auszuformen gedenkt, gilt das bereits oben Gesagte: Am besten wird das dafür benötigte Sitzgefühl durch ein gut piaffierendes Lehrpferd vermittelt.* Mit einem solchen Gefühl ausgestattet, wird das notwendige Zusammenspiel der Hilfen von Anfang an leichter fallen und können Fehler vermieden werden, die sonst sehr schnell in »Fleisch und Blut« übergehen. Dazu zählt z. B. ein übertrieben starker Einsatz einer Gesäßhälfte, um so das Pferd zu einer vermehrten Aktivität zu bewegen.
Fehlt einem Pferd der Wille zur Aktivität, muß er zunächst durch andere »Hil-

fen« entwickelt werden. Wie in vielen anderen Fällen ist hier ein schwungvolles Vorwärtsreiten eine solche Hilfe, und erst wenn man spürt, daß das Pferd wieder gehorsam und »erwartungsvoll an den Reiterhilfen steht«, kann man die Arbeit auf der Stelle fortsetzen.

Der korrekt über dem Schwerpunkt des Pferdes ausbalancierte Oberkörper des Reiters, der seine Gesäßhälften nur für die ihm im Takt entgegenkommenden Schwingungen des auf- und abwölbenden Pferderückens parat hält und den dadurch vermittelten Impuls durch eine ruhig gegenhaltende Hand und etwas hinter dem Gurt weich und fast gleichzeitig wirkende Schenkel noch unterstützt, hilft dem Pferd am besten.

Es wurde bereits gesagt, daß die Ausführung einer korrekt getretenen Piaffe nur einem extrem versammeltem Pferd möglich ist. Wird dieser Versammlungsgrad an der Hand durch entsprechend geschnallte Ausbindezügel unterstützt, muß der Reiter diese Aufgabe mit Sitz und Zügel- und Schenkeleinwirkung erfüllen.

Auf einen Ausführungsfehler muß noch hingewiesen werden: Ein zu weites Untertreten mit den Hinterbeinen wird dem Pferd oftmals das Abfußen bis über den Fesselkopf des Standbeines nicht mehr möglich machen. Nicht selten ist damit ein zu weites Zurückfußen mit dem diagonalen Vorderbein verbunden. Hier sollte mit einer geringen Vorwärtsbewegung abgeholfen werden. Da diese Vorwärtsbewegung ohnedies zu Beginn fast eine selbstverständliche Forderung bildet, um diese Vorwärts-Tendenz für immer zu erhalten, wird man rechtzeitig das Einschleichen eines derartigen Fehlers bemerken und dagegensteuern können.

Der Ausdruck, den ein gut piaffierendes Pferd auf den Betrachter macht und der in erster Linie auf kräftig abfedernden Beinen beruht, denen ein etwas verlängertes Ausharren durch das gut untergeschobene Hinter- und senkrecht stützende Vorderbein ermöglicht wird, kann noch wesentlich durch einen gut aufgerichteten und im Widerrist festgestellten Hals und einen im Genick beigezäumten Kopf vervollkommnet werden.

*Wie kaum eine andere Bewegungsform bringt die Piaffe den Adel, der dieser wunderbaren Kreatur Pferd von der Natur mitgegeben wurde, auch unter dem Reiter wieder zurück.* Sie strahlt die geballte und doch gleichzeitig sichtbar gebändigte Kraft seines ausgeformten Exterieurs aus und läßt den Reiter im gleichen Augenblick das Glück eines kleinen Gottes empfinden.

Es wird daher niemanden verwundern, daß die Piaffe einen nicht wegzudenkenden Teil der Hohen Schule bildete, und dieser Name wiederum auf die große Ausdruckskraft dieser stolzen Gangart zurückzuführen sein wird.

Sie gehörte einst nicht nur zur »Standardausrüstung« jedes »Schulpferdes«, sondern diente der Vervollkommnung der Ausbildung für alle Reitzwecke, ja selbst für die des Fahrpferdes gehobener Klasse. Es wäre daher nur eine billige Forderung, der Piaffe ihre heutige unbefriedigende Zweckgebundenheit als Dressurbewerbs-Bestandteil zu nehmen und sie wieder wie einst als wertvollen Behelf in die Ausbildung (zumindest) jedes Dressurpferdes zu integrieren.

*Die zweite, ebenfalls der Hohen Schule zuzuordnende Bewegungsform mit ähnlich ansprechenden Kriterien ist die »Passage«* (oder »Spanischer Tritt«, zum Unterschied vom »Spanischen

Schritt«). Man bezeichnet sie im Reglement als »Trabbewegung in höchster Versammlung«, die durch eine höchstmögliche Vervollkommnung der Bewegung des Pferdes im Trabrhythmus mit ausgeprägter Schwebe der Bewegung einen erhabenen Ausdruck verleiht.

Da es sich dabei aber um eine »echte Vorwärtsbewegung« handelt, sind dafür andere Voraussetzungen notwendig: Das Pferd braucht nicht nur eine gut entwickelte Trag-, sondern eine ebensolche Schubkraft, um die schwung- und kraftvolle Vorwärtsbewegung einleiten zu können. Die Tragkraft wiederum ermöglicht das verlängerte Ausbalancieren auf der fußenden Diagonale.

*Ähnlich wie in der Piaffe bildet aber auch hier das Auf- und Abwölben des Rückens ein echtes Kriterium.* Ohne dieses würde die Beinbewegung ihren abfedernden Charakter verlieren und zu einer wenig attraktiven, schleppenden Bewegung im Trabrhythmus werden.

Sehr ausschlaggebend für den Ausdruck einer Passage ist die Fähigkeit des Pferdes, seine Beine entsprechend hoch zu bringen. Für die Hufspitze des Vorderbeins gilt auch hier die Röhrbeinmitte des fußenden Beins, die Zehenspitze des Hinterbeins soll aber ebenfalls nur um ein weniges unter dieser Höhe bleiben, dafür aber etwas weniger extrem weit unter den Pferdekörper schwingen.

Das kraftvolle Abfußen verlangt enorm viel Kraft in den Hinterhandgelenken ein zu starkes »Zusammendrücken« dieser Gelenke (wie z. B. für die Piaffe) würde ihr »Aufmachen« zu einer zu großen Anstrengung werden lassen.

Man kann immer wieder die Beobachtung machen, daß Pferde ohne extremen Hankenbug leichter die Passage erlernen und bei der Ausführung auch weniger Gefahr für ein »Kreuzen der Vorderbeine« oder »Seitwärtstreten mit den Hinterbeinen« besteht.

Bei einem Pferd dagegen, das sich ohne Schwierigkeit gut und gern in den Hanken biegt (und daher besondere gute Voraussetzungen für die Piaffe mitbringt), muß man mit der Passage-Ausbildung unbedingt zuwarten, bis die Kraft der Hinterhand vollendet ausgebildet ist, weil sonst die oben zitierten Fehler entstehen können.

*Die Passage-Arbeit soll daher grundsätzlich am Ende der Ausbildung stehen.* Wurde in der bisherigen Ausbildung ein hoher Grad an Selbsthaltung und kadenzierter Balancefähigkeit in den versammelten Gängen erreicht und fallen dem Pferd Tempowechsel in den Gangarten Trab und Galopp ganz leicht, ist die Rückentätigkeit außerdem genügend gefestigt und der Hals am Widerrist sicher festgestellt, wird es nur noch des »Verstehens« von Seiten des Pferdes und eines durch die extreme Rückenbewegung nicht gefährdeten Reitersitzes bedürfen, das Pferd die Anfänge der Passage zu lehren.

*Von großem Vorteil ist dabei, wenn die Arbeit im Sattel durch einen Gehilfen vom Boden aus unterstützt wird.*

Es gibt verschiedene Wege, das Pferd mit dem Vorhaben vertraut zu machen. Manche schwören auf die Verkürzung aus dem versammelten Trab, andere wieder ziehen das Erlernen aus dem versammelten Schritt vor. Letztere Methode hat vielleicht den Vorteil, daß von Anfang an dem Pferd der gewünschte »getragene« Takt anerzogen werden kann, wogegen das Verkürzen aus dem Trab meist für längere Zeit einen energischeren Zügeleinsatz notwendig machen kann.

Die praktische Ausführung verlangt vor allem einen gefestigten Sitz. Ist diese kräftige Rückenbewegung des Pferdes dem Reiter noch ungewohnt und vermag er sie noch nicht gleichmäßig »durchzusitzen«, wird er immer wieder trachten müssen, seinem Becken die Lage zu geben, die ihm ein »Verweilen des Gesäßes im Sattel« ermöglicht. *Nur bei konstantem Anziehen des vorderen Beckenringes mit Hilfe der Bauchmuskulatur können die als »Gesäßknochen« fungierenden Sitz-Schambeinäste die richtige Lage beibehalten.* Ein eingezogener Bauch hat einen runden Rücken zur Folge, und damit können die vom Pferderücken ausgehenden Stöße nicht ausgeglichen werden und ein ständiges »Aus-dem-Sattel-Geworfenwerden« und das Unvermögen, mit Sitz und Schenkel richtig einwirken zu können, ist die Folge.

Aber auch die Handeinwirkung geht auf diese Weise meist über das Maß einer »gegenhaltenden Hand« hinaus und zwingt so das Pferd zum Wechsel der Bewegungsart.

*Das für die Piaffe Gesagte gilt daher auch für die Passage: Kann der ausbildende Reiter Gefühl und Zusammenwirken der Hilfen von einem Lehrpferd erwerben, bringt das für ihn große Vorteile mit sich.* Ohne diese Gelegenheit muß diese Hilfengebung in winzig kleinen Schritten erarbeitet werden und ein in den Anfängen wahrscheinlich zur Selbstverständlichkeit gehörendes Nichtgelingen des Zusammenspiels von Reiter und Pferd darf auf keinen Fall dem letzteren angelastet werden.

Eine Unterstützung vom Boden verlangt vom Gehilfen ein ausgeprägtes Taktgefühl, weil jede dem Takt entgegenwirkende Berührung mit der Touchiergerte nur Nachteile mit sich bringt.

*Es ist daher zweckmäßig, zunächst einmal das Pferd selbst den Takt finden zu lassen und sich dann erst in den Rhythmus einzufügen.*

Die Passage verlangt vom Pferd immer höchste Versammlung und eine besonders akzentuierte Tätigkeit der Gelenke. Aber auch die gesamte Wirbelsäule bis zum Genick ist daran beteiligt, und es kann vorkommen, daß diese vermehrte Anspannung anfänglich zu einer mäßigen Versteifung im Genick führt. Ist der Ausbilder bemüht, die erhöhten Anforderungen, die damit für das Pferd verbunden sind, für dieses langsam so selbstverständlich werden zu lassen, daß schließlich nur noch die benötigte Versammlung bleibt, eine zusätzliche Spannung aber gar nicht mehr auftritt, wird auch eine anfangs aufgetretene Versteifung wegfallen. Bei der auch in dieser Bewegung gewünschten Gelöstheit wird aber trotzdem die Passage immer den Ausdruck eines der Hohen Schule zugeordneten Ganges haben müssen.

*Daß auch die »Galopp-Pirouette« erst in den der höheren Ausbildungsstufe zuzuordnenden Prüfungen eingebaut ist, beweist, daß man deren Schwierigkeitsgrad richtig einstuft.* Ihre korrekte Ausführung, wobei das Attribut »korrekt« nur in Zusammenhang mit deren Zweck gesehen werden darf, gab immer Zeugnis von höchster Rittigkeit. Damit war aber automatisch verbunden, daß die Einwirkungen des Reiters während der Ausführung nie über ein Maß hinausgehen dürfen, das den Reiter über Gebühr beansprucht. Das heißt mit anderen Worten, daß ein Pferd über die Kräfte verfügen können muß, die sich schon mit (korrekten) Andeutungen (Impulsen) aktivieren lassen.

Daraus kann abgeleitet werden, daß

*die häufigsten Ausführungsfehler auf eine mangelnde Kraft in den Hinterhandgelenken zurückzuführen sind.*
Zu dieser ersten wichtigen Forderung muß sich als weitere die Beibehaltung eines wirksamen Sitzes während der gesamten Ausführung gesellen. Allein schon das Lösen einer Gesäßhälfte durch Einknicken in der Hüfte, ein übertriebenes Zurücknehmen des Oberkörpers, wie ebenso ein unmotiviertes Vorgehen, zwingen bereits das Pferd zu Ausgleichsreaktionen.

Der Dreitakt des Galoppsprungs muß auch in der Pirouette erhalten bleiben, wenngleich bei deutlich erleichterter Vorhand für das Betrachterauge oft der Eindruck entsteht, daß der Vorderfuß der fußenden Diagonale um einen Bruchteil später aufsetzt.

Je kleiner der vom inneren Hinterfuß dabei beschriebene Kreis ist, desto ausgeprägter muß die Hankenbiegung sein. Steife oder nicht genügend gebogene Hinterhandgelenke werden immer ein Ausfallen mit der Hinterhand, eine nachteilige Mehrbelastung der Vorhand und als Gesamtfolge ein »Herumwerfen des Pferdekörpers« bedingen. Der Ausdruck eines kadenzierten Galoppsprungs geht damit verloren.

Auch das Bewahren einer unveränderten Selbsthaltung des Pferdes, die vom Kopf über Genick, Hals, Rücken bis zur deutlich gesenkten Kruppe alle Symptome eines in leichter Anlehnung mit gut aufgerichtetem Hals und aufwölbendem Rücken springenden Pferdes aufweisen muß, sind Kriterien, die von einer korrekten Galopp-Pirouette verlangt werden müssen.

Auch nur dann, wenn aus jeder Phase der Drehung in einen Galopp gradaus übergegangen werden kann, ist eine weitere Forderung erfüllt.

Eigentlich zu unrecht wird daher die »Halbe Pirouette« als die leichtere Ausführungsform angesehen und in Prüfungen verlangt, in denen noch nicht das Maximum der höchsten Ausbildungsstufe gefordert wird. Sie kann nämlich ebenfalls nur dann korrekt ausgeführt werden, wenn die einzelnen Sprünge die dafür verlangte »Qualität« aufweisen. Verzichtet man in der Halben Pirouette auf diese Qualität, können sich Fehler einschleichen (wie weniger gebogene Hinterhandgelenke und dadurch bedingtes »Drauflegen auf die Reiterhand«, Eiligerwerden, Verlust der Selbsthaltung), die dann nicht im Laufe der natürlichen Verbesserung und Verfeinerung behoben werden können, sondern ein Zurückgehen um einen oder mehrere Schritte notwendig machen.

*Man wird mit der Pirouettenausbildung nicht plötzlich von einem Tag auf den anderen beginnen.* Da die wichtigste Voraussetzung dafür ein ausreichendes Maß an Kraft in den Hinterhandgelenken bildet, das ebenfalls nur durch eine systematische Gymnastizierung erreicht werden kann, werden in die Gymnastizierung schon frühzeitig Übungen mit einfließen müssen, die beiden Zielen gerecht werden. Solche Übungen sind z. B.: Zirkelverkleinern, Reprisen im korrekt ausgeführten Kontergalopp, in Galopptraversalen eingelegte Volten, aus denen die Traversale fortgesetzt wird. Eine weitere wäre, von einem beliebigen Punkt des Zirkels (Große Tour) das Pferd im Galopptravers mit gut mitgenommener Nachhand in Richtung Zirkel-Mittelpunkt zu führen und von hier wieder (mit besonderer Berücksichtigung der Oberkörperhaltung des Reiters) auf einfachem Hufschlag zum Hufschlag des Zirkels (Große Tour) zurückzuführen. Das Pferd wird durch die extremen Anforderungen im Galopptravers zu einem gut ausgeprägten, in Vorwärts-Seitwärts-Manier ausgeführtem Drunterspringen angehalten, aber ihm gleichzeitig durch den bereits wieder nach wenigen Traverssprüngen angebotenen Übergang zum Galopp auf einfachem Hufschlag die vermehrte Anforderung im Travers erleichtert. Diese Übung kann mit und ohne Handwechsel ausgeführt werden. Sie hat nicht nur eine allgemein gymnastizierende Wirkung, sondern kann als wertvolle Vorbereitung für den Erhalt der Selbsthaltung bei Übergängen, wie sie für die Pirouette im besonderen Maße gefordert wird, angesehen werden.

*Nach einer derart qualifizierten Vorbereitung werden auch keine oder kaum psychische Aufregungen zu erwarten sein.* Gerade sie sind häufig daran schuld, daß das Pferd in einer übereilten Ausführungsform Zuflucht sucht, die dann oft für immer beibehalten wird und den Wert der Pirouette ganz stark herabmindert.

Aber auch eine übertriebene reiterliche Einwirkung besonders mit extrem zurückgeneigten Oberkörper, dem auf diese Weise eine unnatürlich-treibende Wirkung zukommt, kann zu einer psychisch bedingten Aufregung und Verspannung führen. Gerade in der Pirouette kommt der richtigen Belastung große Bedeutung zu. Wirkt das Reitergewicht entweder nicht im Schwerpunkt und damit die Tragkraft fordernd, oder wird durch eine falsche Körperhaltung des Reiters die gemeinsame Schwerlinie von Reiter und Pferd verlassen, wird dem Pferd die Ausführung erschwert. In manchen Fällen hilft sich das Pferd durch eine unerwünschte »Stellung« selbst, wozu nicht allein die falsche Biegung im Hals- und Rückenwirbelsäulenbereich zu zählen ist, sondern auch mangelnde Aufrichtung oder ungenügendes Setzen der Hinterhand gehören. In anderen Fällen aber gerät das Pferd durch derartige Einwirkungen in einen Aufregungszustand, wodurch seine Reaktionen vermehrt den Charakter einer Widersetzlichkeit annehmen.

*Nimmt man Sitz und Einwirkungen des Reiters noch einmal zusammenfassend unter die Lupe, wird man als wichtigstes einen gut aufgerichteten Oberkörper fordern müssen, der nur soweit zurückgeneigt werden darf, daß er dadurch nicht hinter den Schwerpunkt gerät, sondern nur ein energisches »Heranhalten« der Hinterhand durch das angestellte Kreuz gewährleistet.*

Dieser muß durch Schenkel und Hand wirkungsvoll unterstützt werden. Die Lage der Schenkel ist dabei die gleiche, wie sie für den betreffenden Galopp gefordert wird. Die Impulse müssen zwar kräftig gegeben werden, dürfen aber nie dem Takt und Rhythmus des Galoppsprungs entgegenwirken. Der innere Schenkel »zwingt« den inneren Hinterfuß zu energischer Tätigkeit. Der äußere ist in diesem Falle aber nicht nur verwahrender, sondern regt den äußeren Hinterfuß gleichzeitig zu seiner von ihm verlangten enormen Leistung an und darf daher nicht allzuweit hinter dem Gurt eingesetzt werden. Der gefühlvolle Reiter wird auch hier die winzigen Zeitintervalle ihres Einsatzes herauskristallisieren können.

*Der Hand kommt während des gesamten Vorgangs die allerpassivste Rolle zu.* Der innere Zügel erhält die mäßige Biegung, die auch im Hals kein Maß annehmen darf, daß dadurch die innere Pferdeschulter in ihrer Bewegungsfreiheit gehindert wird. Der äußere ist für das Geradegerichtetbleiben und für das minimale, durch den Bewegungsablauf während des Galoppsprungs bedingte Zurückhalten der äußeren Seite verantwortlich. Gleichzeitig erhält er die Aufrichtung und Beizäumung (und wirkt so bei der notwendigen Versammlung mit). Dies alles gelingt mit einem Aufmachen und Schließen der Faust, ohne daß eine Veränderung des Platzes der konstant aushaltenden Hand (Hände) notwendig wäre.

Wie es für jede Hilfengebung Unterschiede in der angewendeten Intensität zwischen der Anwendung im Stadium des Erlernens und dem der Vollendung gibt, wird auch bei der Pirouettenausbildung zunächst notwendig werden, die Zügelhilfen anfangs kräftiger zu geben. Es soll aber unter allen Umständen vermieden werden, dem Pferd auf Dauer einen »fünften Fuß« zur Verfügung zu stellen.

Ist einem Pferd einmal die Ausführung mehrerer ganzer Pirouetten hintereinander möglich, hat man die beste Gewähr, daß die Ausführung weder psychische noch physische Schwierigkeiten bereitet. Auch der Reiter darf in einem solchen Fall die Gewißheit für sich in Anspruch nehmen, Sitz und Einwirkungen korrekt anzuwenden. *Er darf sich aber gleichzeitig rühmen, damit einen »Beherrschungsgrad über sein Pferd« erreicht zu haben, der ihm nicht nur ein wundervolles Gefühl, sondern auch ein Höchstmaß an Sicherheit im Sattel zu geben vermag.* Mit dem Abschluß dieser Ausbildung ist eine Rittigkeit erreicht, die einstens angestrebtes Ziel war und für das Pferd auf höchster Dressurstufe auch heute sein sollte.

# Didaktik – »Marschgepäck« des Reitlehrers

Selbst die ausführlichste rethorische Abhandlung wird wahrscheinlich nicht imstande sein, jemanden all die Kriterien vermitteln zu können, die es zu erlernen und zu beachten gilt, wenn man entweder selbst in dieses Gebiet höherer (Dressur-)Reitkunst hineinwachsen oder noch zusätzlich das Wissen erwerben möchte, einen Schüler dorthin zu führen.

In all den Jahrhunderten war es die mündliche Weitergabe der Erfahrungswerte, die sich dabei am nachhaltigsten bewährt hat. Auch heute wird derjenige, der sich beruflich oder auch als Turnierreiter dieser Materie verschrieben hat oder verschreiben möchte, nach einem entsprechenden Lehrer suchen müssen. Wer dafür aber bereits ein wohlfundiertes Theoretikum mitbringt, das ihm als wertvolles Polster für das Praktikum dienen kann, wird sicher eine bessere Ausgangsposition haben.

Auch das oftmalige Herangezogenwerden als »Gehilfe« bei fortgeschrittener Ausbildungsarbeit kann eine fruchtbare Vorbereitung sein.

*Eines aber sollte als wichtigste Voraussetzung angesehen werden: Die Lust, sich weit über das Oberflächliche hinaus mit dieser Kunst und ihren Begleitwissenschaften beschäftigen zu wollen.* Wer sich nur materielle Ziele steckt und sich die Basis an Wissen und Können im »Vorbeigehen« zu erwerben trachtet, wird für eine solche Aufgabe sicher nicht optimal geeignet sein. Fast auf allen Gebieten, sei es auf handwerklicher oder aber künstlerischer Ebene, gibt es den mäßig Engagierten, den man als »Mitläufer« bezeichnen würde, und jenen, der vom gewählten Stoff so in Bann geschlagen wird, daß er alles Wissenswerte rundherum geradezu in sich aufsaugt – und damit zum Erhalter (und Weitergeber) wertvollen Gutes wird.

Daß in der Disziplin Dressur, die für viele die eigentliche »Platzhalterin« der Klassischen Reitkunst ist, obwohl eine solche Auslegung die Kriterien dieser Kunst etwas verkennt, selbst in Ländern, die dieser Disziplin früher weniger Augenmerk geschenkt haben, ein steter Leistungsanstieg zu erkennen ist und die Zahl der höheren Bewerbe im Turniergeschehen weltweit zunimmt, beweist, daß der damit verbundene innere Antrieb zur Vervollkommnung sehr wohl vorhanden ist.

Vielen aber ist der Weg in die Höhen noch versperrt, weil der Lehrer fehlt, der sie auf diesem Weg führen könnte. Es muß daher jede Überlegung begrüßt werden, die uns dem Ziel, die Quantität nunmehr verstärkt mit Qualität anzureichern, einen Schritt näher bringen kann. Auch heute fällt hier dem Reitlehrer der größte und verantwortungsvollste Anteil bei dieser Aufgabe zu. Nur wenn er selbst über die fachliche Qualität verfügt und sein Wissen und Können weiterzugeben vermag, wird eine Anreicherung in größerem Umfange möglich sein.

Es macht selbstverständlich einen großen Unterschied, ob man ein Pferd selbst ausbildet und das gesamte Reservoir an reiterlichem Können einsetzen kann, oder ob nur Hilfestellung bei der Ausbildung eines Pferdes unter einem anderen Reiter geleistet wird. Dabei ist noch einmal zwischen einem Reiter, der selbst bereits über ein sehr fortgeschrittenes Können verfügt und Anleitungen daher erfolgreich umzusetzen vermag, und einem Reiter zu unterscheiden, der zusammen mit seinem Pferd aufgebaut werden muß.

Es gibt genug Stimmen, die letzteres für wenig erfolgversprechend ansehen und die daher die Ausbildung »selbst in die Hand nehmen« und den Schüler immer nur sporadisch auf das Pferd setzen, um ihn »die Früchte genießen zu lassen«.

*Ganz ohne Zweifel verlangt eine Aufgabenstellung, bei der Pferd und Reitschüler zusammen aufgebaut werden sollen, die ausgeprägtesten Voraussetzungen auf Seiten des Lehrers.* Aber daß es unmöglich wäre, muß absolut verneint werden. Die Zeit wird sich dabei natürlich nicht in einer bestimmten Zahl von Reitstunden messen lassen, und selbstverständlich muß die Kunst des Umsetzens des eigenen Wissens und Könnens in besonderem Maße vorhanden sein. Ein hohes Quantum psychologischen Einfühlungsvermögens und pädagogischen Geschicks sowie viel Geduld sind dabei unerläßlich.

Dafür zählt ein auf diese Weise zustandegebrachter Erfolg doppelt, weil ein nicht nur erkennbarer, sondern vom Reiter auch erfühlbarer Fortschritt automatisch eine gewisse Hochstimmung erzeugt und den Reitschüler fast immer zum gläubigen Anhänger seines Lehrers macht.

Für diese Gruppe von Reitlehrern wird der einzig richtige Weg der sein, ihren Erfahrungs- und Wissensschatz voll auszuschöpfen. Jede Anleitung muß in das Gesamtkonzept passen, und Fortschritte oder Mißerfolge können daher auch nicht unabhängig gesehen oder beurteilt werden.

Eine solche Aufgabe unterstreicht wohl am deutlichsten die Forderung, daß ein Reitlehrer über ein abgeschlossenes Pensum an eigenem reiterlichen Können und ausbilderischen Fähigkeiten verfügen muß. Ein Konzept läßt sich erst erstellen, wenn man den Weg bis zum Ziel und das Ziel selbst kennt. Ein erst »auf dem Weg« befindlicher Aspirant vermag zwar die Durchführung gegebener Anleitungen des Lehrers zu überwachen, nicht jedoch ohne Schaden in dieses Konzept selbsttätig einzugreifen.

Vielleicht noch häufiger wird ein Reitlehrer als Aufgabe die sporadische Hilfestellung bei fortgeschrittenen Pferden oder Reitern gestellt bekommen oder um Ratschläge bei Korrekturen oder Verbesserungen gebeten werden. In solchen Fällen wird die Beurteilungsfähigkeit eines Reitlehrers »zur Kasse gebeten«, und es kann daher nur geraten werden, mit vorschnellen Urteilen zurückhaltend zu sein.

*Wer ein Urteil abgibt, sollte auch die Hintergründe kennen, wie es dazu gekommen ist, und natürlich erwartet man auch einen helfenden Ratschlag.* Auch wenn es sich nur um sporadische Hilfestellungen handelt, kann sich ein angesehener Reitlehrer keine unzutreffende Aussage leisten.

Viele auf diesem Gebiet Tätige, mögen sie diese Aufgabe als Beruf gewählt oder sich aus Liebe zur Sache dieser Materie verschrieben haben, werden wahrscheinlich selten, manchmal vielleicht überhaupt nicht veranlaßt sein, entweder selbst ein Pferd bis zur höchsten Dressurstufe auszubilden oder einen Schüler zusammen mit dessen Pferd dorthin zu bringen. Um so häufiger aber wird ihre Arbeit darin bestehen, eine anderswo begonnene Arbeit fortzusetzen oder die erwähnte Hilfestellung auf den verschiedensten Ebenen zu geben. Tatsächlich aber macht dies für den Reitlehrer wenig Unterschied, er benötigt immer Fachwissen und praktisches Können.

Nun bildet aber eine meist schon längere praktische Tätigkeit in der Ausbildung von Reitern und Pferden eine gute Voraussetzung dafür, daß zusätzliche Theorie mit Erfolg für die Vervollkommnung auch des Praktikums verwendet werden kann.

Oft sind es nur unbewußt außer Acht gelassene psychologisch-pädagogische Grundsätze, die das Vermitteln eigenen Könnens unterbinden oder doch nicht im gewünschten Maß möglich machen.

Wer einmal in der Geschichte der Reitkunst und ihrer Interpreten zurückgeblättert hat, wird unschwer feststellen können, daß der begnadete Praktiker im Zeitpunkt seines Wirkens zwar in der Regel eine deutlich sichtbare Gloriole über seinem Haupt schweben hatte, daß aber der noch zusätzlich mit einem anerkannten theoretischem Rüstzeug Versehene die nachhaltigeren Spuren hinterlassen hat. *Schon der bescheidenste Samen vermag eine Frucht hervorzubringen, was aber selbst dem glänzendsten Apfel verwehrt bleibt.*

Der Reitschüler von heute gehört vielfach einem Personenkreis an, der den Lehrer zwingen sollte, sich der von ihm erwarteten Persönlichkeitswerte bewußt zu sein. Mit oberflächlichen Floskeln, auch wenn sie noch so charmant an den Mann (oder die Dame) gebracht werden, wird man nicht mehr das Auslangen finden. Seichte ist nur allzu schnell durchschaut. Man wird wahrscheinlich eine fehlende reiterliche Eigenbrillanz verständlicherweise entschuldigen können, selten aber fehlende Geistessubstanz.

# Korrektur fehlerhafter Hilfengebung und Korrektur verrittener Pferde

Eines der umfangreichsten und zugleich schwierigsten Aufgabengebiete des Reitlehrers ist aber zweifellos die Korrektur »fehlerhaft« sitzender und »falsch« einwirkender Reiter, sowie die »verrittener« Pferde. Schwierig allein schon deshalb, weil die einzelnen Korrekturfälle nur bedingt in »genormten Gruppen« zusammengefaßt werden können und jeder einzelne trotz eines gleichen oder doch ähnlichen Hintergrundes den gesamten Wissens- und Erfahrungsschatz des Ausbilders fordern wird. *Einige der Fälle werden deshalb noch einmal besonders unterstrichen, weil sie zu den am häufigsten auftretenden gehören und Fortschritten in der Ausbildung des Reiters oder Pferdes entgegenstehen und selbst dem Erreichten den gewünschten »Ausdruck« nehmen.*

*Erfolge der Korrektur werden aber nur erwartet werden können, wenn die Mängel an ihrer Wurzel erfaßt werden.*

Es wurde bereits bei der Behandlung des »Reitersitzes« auf die Wichtigkeit hingewiesen, das Vertrautmachen mit seinen Kriterien so zu gestalten, daß sie ihren dominierenden Einfluß für die weitere Zukunft behalten und sich spätere grundsätzliche Korrekturen erübrigen. Die Beachtung einer solchen Forderung wird aber heute zu den Ausnahmefällen gehören, weil Zeit- und Geduldmangel die scheinbar unüberwindlichen Gegner der notwendigen Gründlichkeit sind und die schlechte Saat oft erst viel später ihre negativen Früchte trägt.

*Einer dieser besonders nachteiligen Formen eines fehlerhaften Sitzes ist der ausgeprägte Stuhlsitz,* zu dem sich in der Praxis die hochgezogenen, meist nicht am Sattel liegenden Knie, hochgezogenen Absätze und angeklemmten Waden gesellen.

Mit ihm engverbunden finden wir einen *zurückhängenden Oberkörper mit rundem Rücken.* Weil aber der Reiter meist instinktiv dieses damit verbundene »Zurückbleiben hinter der Pferdebewegung« spürt, versucht er dies durch ein »Vorbringen seines Kopfes« auszugleichen. Eine Halswirbelsäule aber, der die Stabilität durch den Knick in der Verbindung zur Rückenwirbelsäule genommen wird, vermag die ruhige Kopfhaltung nicht mehr zu gewährleisten – der *nickende Kopf* ist geboren. Er zählt nicht nur zum unschönsten Detail eines unkorrekten Reitersitzes, sondern wird auch in seiner negativen (Ein-)Wirkung sehr stark unterschätzt. Er stellt für das Pferd eine echte Rhythmusstörung dar, die durch eine vom Oberkörper unabhängige Eigenbewegung des Kopfes entsteht. *Nickende Köpfe können nur dann korrigiert werden, wenn es gelingt, den Oberkörper geradegerichtet über dem Schwerpunkt des Pferdes zu postieren und die Halswirbelsäule wieder auf die Rückenwirbelsäule einzurichten, um ihr so die benötigte Stabilität zu geben.* Die gleichzeitige Korrektur des »runden Rückens« durch Zurücknehmen der Schulterblätter unterstützt die Behebung der Nickbewegung ganz wesentlich.

Aber nur wer strikt und konsequent an diesem Fehler arbeitet und nicht in der Quantität der Reitstunde, sondern in ihrer Qualität die Richtschnur sieht, wird Erfolge erwarten dürfen.

Häufigster Grund für die oben beschriebene Art eines »fehlerhaften« Sitzes ist neben der mangelhaften Grundanleitung auch noch die immer wieder zu hörende »Aufforderung zum Treiben«. Eine solche Aufforderung von Seiten des Ausbilders deutet darauf hin, daß diesem selbst die Vorgänge im menschlichen Körper nicht klar sind und er einzig im »zurückgelegten Oberkörper und im klopfenden, mit Sporn bewaffneten Absatz« die treibende Wirkung des Reitersitzes vermutet.

*Daß es kaum einen wirklichen Korrekturerfolg geben wird, wenn der Lehrer nicht selbst von den Vorteilen des richtigen (bzw. den Nachteilen des fehlerhaften) Sitzes überzeugt ist und diese Überzeugung weiter zu vermitteln vermag, steht außer Zweifel.* Eine nicht sogleich erlahmende Geduld und ein eventuell notwendig werdendes Zurückschrauben der Forderungen müssen die Theorie praktisch begleiten.

Weil die Praxis zeigt, daß Reiter, die sich bereits auf fortgeschrittenem Niveau wähnen, kaum zu einer Korrektur »an der Longe« zu bewegen sind, wird diese wahrscheinlich immer nur während der normalen Reitstunde erfolgen müssen. Weil ein »fleißig vorwärtsgehendes Pferd« eine weitere günstige Voraussetzung für die Sitzkorrektur bildet, wird es Aufgabe des Lehrers oder korrigierenden Ausbilders sein, selbst dafür Sorge zu tragen bzw. den Schüler mit dem richtigen Einsatz der Gerte vertraut zu machen. Verleitet die Bewegungsmanier des Pferdes nämlich immer wieder zum Rückfall in die falschen Praktiken, werden Erfolge nur immer weiter hinausgeschoben.

*Als eine weitere »fehlerhafte« Sitzform ist der Spaltsitz zu nennen.* Schon die Benennung sagt uns, daß hier der Reiter anstatt mit möglichst entspannter Sitzfläche im Mittelpunkt des Sattels zu sitzen, seinen Oberkörper auf Spalt und Oberschenkel balanciert. Für diese Art der »Balance« braucht er dann noch vermehrt seine Hand, wodurch der Zügel nicht zur Weitergabe von Impulsen, sondern hauptsächlich zum »Festhalteinstrument« wird.

*Vom Schultergelenk bis zur Handwurzel ausgestreckte Arme lassen niemals eine »ruhige Hand« zu,* weil sich jede Pferdebewegung ungebrochen bis in die Hand fortsetzt und damit einen ständigen, unnötigen Zügelanzug zur Folge hat.

Nur der im richtigen Winkel mit dem Oberarm verbundene, durch eine (leichte) Auflage in der Hüft- oder Oberschenkelgegend noch zusätzlich stabilisierte Unterarm vermag diese Bewegung abzufangen und damit der Hand die geforderte »Ruhe und Unabhängigkeit« zu geben. Auch eine solche Korrektur wird viel Zeit und Geduld in Anspruch nehmen.

Das menschliche Becken ist so eingerichtet, daß es sowohl durch seine seitliche, wie die nach vor und zurück und schließlich der Kombination dieser beiden Bewegungsmöglichkeiten zum wichtigsten Hilfengeber des Reiters werden kann. Weil diese Beckenstellung auch schon durch minimale Reflexe verändert werden kann, andererseits aber der weniger geübte Reiter mit seinen durch die Stellungsveränderung übermittelten Impulse den falschen Moment der Einwirkung trifft, entstehen die eigentlichen Disharmonien zwischen Reiter und Pferd.

Ein Reiter, der sich einmal mit diesem so wichtigen menschlichen »Stützapparat« auseinandergesetzt hat, für den werden »Befehle« wie »Aufrichten« (= *Anheben des vorderen Beckenrandes durch den vorderen Bauchmuskel, womit eine Drehung des Beckens auf seinen beiden Kufen und die automatische Mitnahme des als Steißbein bezeichneten Rückgratausläufers in diese Richtung verbunden ist*) oder »*Belasten des einen oder anderen Sitzknochens*« (*was eine seitliche Verlagerung eines der Sitz-Schambein-Äste verlangt, ohne jedoch seinen ihm zugeteilten Platz im Sattel zu verlassen*) mit einem Mal einen ganz anderen Sinn bekommen.

Die heute leider viel zu häufig anzutreffende (unerklärliche) Scheu des Reitlehrers, eine gründliche theoretische Unterweisung in seinen praktischen Unterricht mit einzubeziehen, nimmt der Reitkunst viel von ihrer Anziehungskraft auf einen Kreis von Menschen, deren sie bedürfte.

Die dafür angebotene Begründung, die überwiegende Zahl der Reitschüler sehe in der Reiterei vorrangig eine körperliche Betätigung und nehme eingeflochtene Theorie »ohne Tiefgang«, oft sogar nur widerwillig zur Kenntnis, ist sicher nicht stichhaltig. Sie mag vielleicht in Einzelfällen zutreffen, wurde aber fast in allen Fällen widerlegt, wenn diese Theorie in entsprechender Form und genügend überzeugend vorgetragen wurde. Oberflächliche, einem schablonierten Repertoire entnommene Floskeln werden sehr schnell als solche erkannt und entsprechend eingestuft. *Nur der sich gezielt angesprochen Fühlende empfindet eine belehrende Anordnung seines Lehrers als Hilfe und Bereicherung.* Auch das »unscheinbare Schulpferd« kann manches Mal in den Augen seines Reiters eine ihm sonst nur selten zugeordnete Stellung bekommen, wenn man dessen so wichtige Funktion nur ins rechte Licht zu rücken vermag.

Wenn einige der gravierendsten Mängel des fehlerhaften Sitzes hier genannt wurden, geschah es in erster Linie in der Absicht, ihn auch bei fortgeschrittensten Reitern nicht als »unveränderbare Tatsache« zur Kenntnis zu nehmen und bei der Suche nach den Quellen des Verittenseins eines Pferdes auch in dieser Richtung zu suchen.

Bei der Besprechung der wenigen ausgewählten Fälle des »Verrittenseins« wird man ganz automatisch auf beim Reiter zu suchende Ursachen stoßen und damit noch einmal die Bedeutung des uns vererbten Wissensgutes über die »Hilfengebung« vor Augen geführt bekommen. Auf Ausbildungsebenen, auf denen man mit den »unbearbeiteten«, vom Pferd mitgebrachten Anlagen nicht mehr das Auslangen finden wird, kommt der Qualität dieser »Hilfengebung« immer steigendere Bedeutung zu. *Auf Schritt und Tritt begegnet man Beispielen, die zeigen, daß ein anderer Reiter plötzlich gänzlich veränderte Leistungen des Pferdes zu erreichen vermag. Dies sollte eigentlich für jedermann ein wertvoller Denkanstoß sein.*

Auch die Korrektur »verrittener Pferde« verlangt neben einem reichen Schatz theoretischen Wissens und einer entsprechenden Erfahrung als Reiter und Ausbilder noch eine kräftige Portion an Fingerspitzengefühl. Fehler gesteht niemand gerne ein, und schon gar nicht der Reiter oder Ausbilder eines verrittenen Pferdes. Zu dem kommt die Erschwernis, daß man nicht immer sogleich auf den Punkt stößt, von dem aus Korrekturen am erfolgversprechendsten angesetzt werden können. Ohne Erkennen der Ursachen wird man kein Programm erstellen können.

*In jeder literarischen, der Korrektur verrittener Pferde gewidmeten Abhandlung wird als eine der wichtigsten Voraussetzungen, die dafür mitgebracht werden sollten, die eines besonders ausgeprägten (pferde-)psychologischen Einfühlungsvermögens und die einer das Normalmaß überschreitenden Geduld genannt.* Dazu muß die auf einer alten Erfahrung beruhende Erkenntnis kommen, daß Korrekturen, die ausschließlich oder auch nur vorwiegend auf »Gewalt« aufgebaut sind, kaum von bleibendem Wert sind. Solcherart korrigierte Pferde mögen sich vielleicht der Gewalt unterordnen, sie besinnen sich aber sofort ihrer Kraft, wenn diese Knebelung wegfällt. *Jeder Ausbilder, der eine solche Aufgabe übernimmt, sollte sich daher vorher der Zustimmung versichern, die Zeit für diesen Versuch im benötigten Maße zur Verfügung zu haben.*

Man muß nämlich zwischen »Retusche« und »Korrektur« unterscheiden. Kann erstere eine positive Veränderung für den Augenblick bewirken, ist eine Dauerwirkung, wenn überhaupt – nur von letzterer zu erwarten.

Vielleicht sollte auch noch auf den sehr gravierenden Unterschied zwischen einem »bösartigen« und einem »verrittenen« Pferd hingewiesen werden. Erstere gibt es zum Glück heute kaum noch. Wenn ja, hat es auf keinen Fall in einem Reitbetrieb etwas verloren, und jeder Reitlehrer sollte sich verpflichtet fühlen, einen solchen Standpunkt zu vertreten. *Das verrittene Pferd dagegen ist in seinem Charakter nicht geschädigt.* Unarten, die sehr häufig ein Verrittensein begleiten, können zwar ebenfalls manchmal unangenehme Auswirkungen mit sich bringen, tragen aber kaum je den Charakter einer Bösartigkeit in sich.

*Fast alle Varianten eines Verrittenseins haben ihre Ursache in einer mangelhaft, zu spät oder gar nicht erfolgten Bearbeitung der Hinterhand.* Wer also in Nichtbeachtung des Grundsatzes, daß der »Motor in der Hinterhand sitzt«, sein Hauptaugenmerk auf die »Beizäumung« legt und während der Reitstunde einer »kraftvoll tätigen (harten) Hand« das Hauptbetätigungsfeld zuweist, darf nicht verwundert sein, wenn er bald ein allerdings nicht willig abgeknicktes (daher immer wieder zur Flucht in den Schlaufzügel verleitendes), jedoch stets mit den Hinterbeinen »zurückbleibendes« Pferd unter dem Sattel hat.

*Eine alte Regel lautet: Die Verkürzung des Pferderahmens darf nicht von vorn nach hinten, sondern muß immer umgekehrt, erfolgen!*

Ist also die mangelnde Bereitschaft des Pferdes, sich in den Hinterhandgelenken zu biegen und in entsprechendem Maß unter seinen Körper zu treten, nicht auf einen ausgesprochenen Gebäudemangel zurückzuführen, werden auch häufig Beizäumungsschwierigkeiten ihre Ursachen nicht im Genick-Hals-Teil haben, sondern in der Hinterhand.

Daß das in diesem Fall Versäumte nicht von heute auf morgen nachzuholen ist, wird klar sein. Je großräumiger und bemuskelter ein (ausgereiftes) Pferd ist, desto schwieriger wird sich ein solches Nachholen gestalten. Hier sträubt sich nicht nur der ausgeformte Muskel- und Bänderapparat, sondern häufig auch die Psyche dagegen. Hier wird man aber dem Widerstand ein entsprechendes Aushaltevermögen entgegensetzen müssen. Dem nicht als Strafe empfundenen Einsatz einer ausreichend langen Gerte wird in dieser Nachholarbeit eine große Bedeutung zukommen, wie überhaupt in jeder Ausbildungsphase deren schenkelunterstützende Wirkung von hohem Wert ist.

Bei einem der Biegung der Hinterhandgelenke dienenden Einsatz der Gerte muß das gleiche Gesetz wie für den Schenkeleinsatz gelten: Er (bzw. die Gerte) darf nie arrhythmisch eingesetzt werden, d. h. dem Bewegungstakt entgegenwirken.

Wird eine solche Nachhol-Biegearbeit noch zusätzlich durch einen Gehilfen vom Boden aus unterstützt, erhöht dies die Erfolgschancen sehr wesentlich. Allerdings müssen dafür die für die »Arbeit an der Hand« gültigen Gesetze gelten, d. h. *man darf sich nicht einfach mit »irgend einer Bewegung« der Hinterbeine zufrieden geben, sondern nur eine wirklich der Biegung der Gelenke dienende darf angenommen werden.*

Daß man hier nicht ohne »kräftig gegenhaltende Hand« auskommen wird, darf man nicht mit Genickschwierigkeiten in Zusammnhang bringen. Daher ist auch nicht sogleich eine Flucht in den »Schlaufzügel« gerechtfertigt.

*Je kürzer man anfänglich solche kraftvollen Nachhol-Biegephasen gestaltet und nach jeder Phase mit einer Belohnung die Mitarbeit des Pferdes anerkennt, desto schneller werden eventuell vorhandene psychische Widerstände abgebaut.* Überhaupt muß bei Korrekturen vermehrt mit »Peitsche und Zuckerbrot« gearbeitet werden. Ohne Mitarbeit des Pferdes ist weder in der regulären Ausbildung und schon gar nicht während einer Korrektur ein Erfolg zu erreichen.

Wirkt sich die mit der Biegung in den Hinterhandgelenken verbundene Gewichtsverlagerung von der Vorhand zur Nachhand nicht gleichzeitig durch ein Nachgeben im Genick aus, müßte nach zusätzlichen Schwierigkeiten in der Genick-Hals-Verbindung geforscht werden. Ganaschenzwänge sind heute recht selten, dagegen kann eine nachteilig geformte Halsmuskulatur (schwacher Kamm-, starker Kehlmuskel) sehr wohl einer korrekten Beizäumung entgegenstehen. Die Korrektur eines Halses, der durch eine Verkürzung einer vielleicht sogar noch nachteiligen Form, Länge oder eines ungünstigen Ansatzes das Pferd verleitet, sich mehr und mehr hinter dem Zügel zu verkriechen, erfordert besonders viel Geduld. Hat das Pferd gelernt, sich einem Heranschließen seiner Hinterhand durch eine »Flucht hinter den Zügel« zu entziehen, wird für längere Zeit noch immer der bescheidenste Zügelanzug für das Einnehmen der altgewohnten Kopf-Hals-Haltung genügen. *Es erfordert ein besonderes Gefühl, einerseits den bewußt langgemachten Hals nicht durch eine zu kräftige Anlehnung zu verkürzen und trotzdem die Bewegung nicht zu einer »laufenden« werden zu lassen.* Weil jeder nur kurzzeitige Verzicht auf die korrekte Fortsetzung des »Experiments« die Besserung gefährdet oder doch wieder hinausschiebt, wird es ohne Konsequenz nicht gehen.

Da gerade Korrekturen bei Nichtfachleuten vielfach auf Unverständnis stoßen, bedarf der Korrigierende eines besonderen Rückgrats, dafür ist aber die innere Befriedigung über einen erzielten Erfolg um so größer.

Auch die Behebung einer *natürlichen oder erworbenen Schiefe«* wird nicht ausschließlich Sache der Handeinwirkung sein dürfen. Eine extreme Bearbeitung der Halsmuskulatur durch übertriebenes Abbiegen bringt nicht das erwünschte Nachgeben in der Genick-Halsverbindung, die in einzelnen Fällen ein Teilgrund der Schiefe sein kann, sondern birgt eher die Gefahr in sich, einen unsteten Hals zu erzeugen. *Eine gelockerte Halsmuskulatur ist wünschenswert, nicht jedoch ein »nicht feststellbarer, wackeliger Hals«.*

Die viel häufigere Ursache der nachteiligen Schiefe ist ein Nichtnachgebenwollen in der Rippengegend, was fast immer Biegeproblemen eines Hinterhandgelenks zugeschrieben werden muß.

Wie in allen übrigen Korrekturfällen sollte also zuerst die Ursache gefunden werden, bevor man sich ein Korrekturkonzept zurecht legt. *Daß für jede Korrektur ein höherer Zeitbedarf notwendig ist als für eine korrekte Erstausbildung, muß zum roten Faden für ein solches Konzept werden.*

Es wurde am Beginn dieses Kapitels erwähnt, daß ein »körperliches Verrittensein« oft von einer »psychischen Unart« begleitet wird. Es muß entschieden werden, ob es einen Weg gibt, beides gemeinsam zu korrigieren oder ob eine getrennte Vorgangsweise sinnvoller ist. Eine falsche Entscheidung könnte nämlich leicht dazu führen, daß statt eines korrigierten ein widerwiliges oder gar bösartiges Pferd herauskommt.

Oft kann auch bereits eine veränderte Sitzeinwirkung oder Hilfengebung Grund für eine anfängliche Aufregung sein. Ein derart begründeter Unwillen verliert sich jedoch sehr rasch, wenn das Pferd erst einmal die Annehmlichkeit der korrekten Einwirkung entdeckt oder die Belohnung nach veranlagter Anstrengung zur Kenntnis genommen hat.

Eine ganz besondere Art des »Verrittenseins« soll hier aber nicht unerwähnt bleiben: Es ist die Gewöhnung an den Schleif- (bzw. Schlauf-)zügel.

Der Schleifzügel, ganz gleich in welcher Anwendungsform, war immer als ein Instrument gedacht, das mithelfen sollte, in erster Linie physische Anlagemängel, wie Schwierigkeiten bei der Genickbiegung oder Halsformung, und die nicht selten damit verbundenen psychischen Probleme zu beheben.

*Seine richtige und sinngemäße Anwendung verlangte also vorerst einmal die genaue Ortung der Mängel und dann die Beurteilung, wie man ihnen am besten begegnen kann.* Eine generelle Verwendung, ohne daß dafür wirklich stichhaltige Gründe vorhanden gewesen wären, wurde schon deshalb nicht als sinnvoll angesehen, weil für seinen erfolgreichen Einsatz ein entsprechendes reiterliches Können verlangt war.

Heute gehört der Schleifzügel, man könnte fast sagen, zur Standardausrüstung vieler Pferde, und viele Ausbilder verwenden ihn mit größter Selbstverständlichkeit nicht nur selbst, sondern geben ihn ohne jegliche Gewissensbisse ihren Schülern »in die Hand«.

*Selbst der gerechtfertigt scheinende Einsatz durch den Ausbilder wird trotzdem erst dann zu einem solchen, wenn die Notwendigkeit der Verwendung dem Schüler erklärt und damit die »Außergewöhnlichkeit« seines Einsatzes klar zum Ausdruck gebracht wird.* Geschieht es aber, wie es heute zur Regel gehört, ohne diese Erklärung, entsteht für den Schüler erst gar nicht der Eindruck des »Außergewöhnlichen«, sondern er kommt bei öfterer Wiederholung zur Ansicht, daß zu seiner Verwendung keinerlei besonderes Wissen und Können benötigt wird.

Aber auch das Pferd gewöhnt sich, ähnlich wie bei einer gedankenlosen Verwendung des Kandarengebisses, an die damit verbundene Einwirkung, und damit geht sein eigentlicher Zweck zur Gänze verloren. Er wird für das Pferd sehr leicht und schnell zum »fünften Fuß«. Für den Reiter aber zum »verstärkter wirkendenden Zügel«, der ihm die Gewißheit zu geben scheint, in bestimmten Situationen mehr Gewalt über das Pferd zu besitzen.

Diese Aufgaben waren dem Schleifzügel nie zugedacht, sondern er sollte ein sehr gezielt einzusetzendes Hilfsmittel für denjenigen sein, der auf der Klaviatur der Hilfengebung bereits möglichst perfekt zu spielen weiß und daher den Übergang vom »forte« zum »piano« beherrscht. Ohne Beherrschung solcher Übergänge, d. h. bei unbegrenztem Dauereinsatz, kann jedoch keine Verbesserung oder Behebung der Probleme erwartet werden.

*Der Einsatz eines Schlaufzügels, aus dem nicht für den fachmännischen Betrachter die dafür gültigen Gründe erkennbar sind, geht zu Lasten des Ansehens des Reiters.* Verstößt ein »Lehrer« gegen die Gesetze, hat dies fast immer lawinenartige Folgen.

Ein großer Reitmeister sagte einmal sehr treffend: »Hilfszügel geben so leicht den Anstrich eines Fortschritts und sind deshalb bei den Leuten, denen es nicht um das Sein, sondern um den Schein zu tun ist, so beliebt.«

*Noch viel häufiger wird ein geänderter Aufbau der Reitstunde eine wertvolle Korrekturkomponente darstellen.* Jeder Reiter, und natürlich der Reitlehrer im besonderen, muß sich darüber im klaren sein, daß der richtige Aufbau der Reitstunde nicht nur für den Erfolg oder Mißerfolg dieser Stunden von Bedeutung ist, sondern sehr wesentlich über die Qualität der gesamten Ausbildung mitentscheidet.

Der »Denkende Reiter oder Ausbilder« wird wissen, daß er dabei nie mit einer einzigen Schablone auskommen kann, sondern daß schon das nächste Pferd eine ganze Fülle vorher bewährter Praktiken nicht mehr problemlos anwendbar machen kann. Der gesamte große Schatz an Erkenntnissen der klassischen Reit(lehr)kunst, von dem wir heute zehren, beruht auf Erfahrungen, die einstmals von ernsthaft danach Suchenden gemacht wurden. Viele haben davon ihren einstigen Glanz durch veränderte Reiter-, Pferde- oder sonstige veränderte Verhältnisse eingebüßt oder sind überhaupt in Vergessenheit geraten. Manche haben ihren Wert dadurch verloren, daß ihr ursprünglich zugrundegelegter Sinn und Zweck heute falsch verstanden und dementsprechend falsch ausgelegt wird. *Dazu zählen der Verzicht auf die Einbindung der Seitengänge in dem ihnen einst zugedachten Maß sowie ein wichtige psychologische, aber auch physische Grundsätze für die Arbeit mit dem Pferd außer acht lassendes Reitstundenkonzept.*

Einige Gedanken können vielleicht bei der Gestaltung eines solchen Konzepts mithelfen. Sie stehen zwar in einem gewissen Widerspruch zu heute gültigen Praktiken, bildeten aber das Rückgrat der Pferdeausbildung und -verwendung vergangener Epochen und wurden dort tausendfach erprobt, ihre Gültigkeit wird ihnen daher nicht in Bausch und Bogen abgesprochen werden können.

*Häufig wird eine Reitstunde bereits mit einem schwerwiegenden Fehler eingeleitet: Der falschen Auslegung des Begriffs »Lösen«.* Dieser Begriff verlangt nur eine Lockerung des Bewegungsmechanismus, womit die Ankurbelung einer gesteigerteren Durchblutung im ausreichenden Maße verbunden ist. Das »Abreagieren des Stallmuts«, das nach Stehtagen oder bei jüngeren, noch nicht völlig ausgegorenen Pferden notwendig sein kann, hat also einen völlig anderen Hintergrund.

*Diese Lockerung soll aber aus mehreren Gründen nicht in der Form eines »eintönigen, unkonzentrierten Abreitens« erfolgen.* Ein Gund ist der, *daß man dem Pferd unnötigerweise dadurch Gelegenheit gibt, seine Tagesarbeit in unkorrekter, unaufmerksamer und/oder übereilter Manier zu beginnen,* statt sich vom ersten Augenblick an auf seinen »Herrn« einzustellen.

Als weiterer Grund kann angesehen werden, *daß auf diese Weise wertvolle, für die konzentrierte Arbeit benötigte Kräfte unnötig verausgabt werden.*

Der dritte, aus den beiden anderen Gründen resultierende ist, der, *daß ein Übergang von einer unkonzentrierten, unkorrekten Reprise zu ernster Arbeit, ähnlich wie beim Menschen, in der Regel eine vermehrte psychische und physische Überwindung kostet,* die dann oftmals eine über das Normalmaß hinausgehende Einwirkung des Reiters notwendig macht.

Was hier für die Einleitung einer Ausbildungsstunde gesagt wurde, gilt in ähnlicher Form für die Vorbereitung sowohl des Spring- als auch des Dressurpferdes für den Turnierbewerb. Weder das oftmalige Überwinden eines Probesprungs, noch das in »letzter Minute« immer wieder probierte Reiten der im Bewerb verlangten Lektionen kann bei ehrlicher Überlegung einen Vorteil mit sich bringen, es sei denn, man sieht im bewußten Müdemachen des Pferdes einen solchen.

Vorbilder verleiten in diesem Zusammenhang leicht zur Verwendung von Schablonen, ohne zu bedenken, daß nur eine spezifische Vorbereitung die richtige sein kann. *Unter Vorbereitung sollte daher nie das panikartige »Nachholen- oder Einprägenwollen« verstanden werden.* Weder ein müdes, noch ein unnötig »angeheiztes« Pferd bildet die ideale Voraussetzung für einen gut zu absolvierenden Bewerb. Ersteres findet seinen Niederschlag in einer für die Leistungsbeurteilung meist nachteiligen Ausdruckslosigkeit (bei Dressurpferden) oder einer ebenso deutlich erkennbaren Übermüdung (besonders nachteilig für Springpferde). Im zweiten Fall wird ein Pferd durch oftmaliges Probieren, besonders wenn es nicht sogleich gelingt und daher oftmals wiederholt wird, von der Nervosität des Reiters angesteckt und in eine nachteilige Aufregung hineinmanövriert.

Wie bereits an anderer Stelle darauf hingewiesen wurde, sollten während keiner einzigen Ausbildungsstunde deren erzieherische Komponenten unbeachtet bleiben. *Viele sich anbahnende Ungehorsamkeiten oder Widersetzlichkeiten, die sich in den meisten Fällen schon vorher »ankündigen«, könnten verhindert oder vermieden werden, wenn diese Ankündigung rechtzeitig wahrgenommen würde.* Ein »Abreiten«, das vom Pferd weder »Konzentration« noch »Mitarbeit« verlangt, verleitet dieses geradezu vehement zu »Eigenproduktionen«.

*Als beste Einleitung der Reitstunde bietet sich ein »fleißiger Schritt« in zunächst etwas freier Haltung, aber doch korrekter Anlehnung an.* Vom ersten Moment an müssen an ihn sinnvolle Forderungen gestellt werden: Er muß taktrein und in einem flüssigen Tempo vom Pferd angeboten werden, ohne daß der Reiter außer seiner Sitzeinwirkung noch eine andere benötigt. Es wird nicht immer von vornherein ein solches »Angebot« erwartet werden dürfen. Besonders dann nicht, wenn das Pferd durch lange Perioden dazu nicht angehalten wurde. Der Reiter wird in solchen Fällen also gezwungen sein, die Voraussetzungen erst zu schaffen. Dies geschieht aber nicht durch »pumpende Oberkörperbewegungen« oder »klopfende Schenkel«, sondern der benötigte »Fluß« soll zunächst durch Unterstützung mit der Gerte erzeugt werden, um dem Reiter das Einsitzen mit ruhigem Oberkörper zu ermöglichen.

Wird die Schrittlänge zu Beginn der eines »Mittelschritts« entsprechen, wird einer der Ausbildungsstufe des Pferdes entsprechenden »Verkürzung« kaum etwas im Wege stehen, wenn Verhalten und Bewegungsmanier die eines »gelösten Pferdes« sind. *Eine mögliche Verkürzung des Schrittes ohne Taktverlust ist ein fast untrügliches Zeichen des Gelöstseins.*

In diese erste Schrittphase, die einerseits der Lockerung, andererseits aber bereits dem Aufmerksammachen und somit der Vorbereitung für das Kommende dient, können ohne Schaden erste hinterhandgymnastizierende Anforderungen, wie Kurz-Kehrt-Wendungen oder Schritte auf doppeltem Hufschlag, wie Schulterherein oder halber Travers, eingebaut werden.

*Handelt es sich um ein Pferd, das am Beginn der zweiten Ausbildungsstufe steht, wird man zwar keine vollendete, aber doch in den Ansätzen richtige Ausführung verlangen.* Sie dienen hier ausschließlich der Gymnastizierung und Biegsammachung.

Haben die bisher mit sehr viel Einfühlungsvermögen abverlangten Forderungen dem Pferd keinerlei Unbehagen verursacht, kann die Fortsetzung der Gymnastizierung im Trab erfolgen. *Zweckmäßig sollte als Hufschlagfigur für die Schritt- und anschließende Trabphase der »Zirkel« (»Große Tour« mit 20 Metern Durchmesser) gewählt werden.* Hier kann die Aufmerksamkeit des Pferdes für die Wünsche des Reiters besser hergestellt, durch die abverlangte vermehrte Biegung das Pferd dem Reiter besser in die Hand gestellt und ihm die Notwendigkeit, seine Hinterhand mehr und mehr zum Tragen zu verwenden, klar gemacht werden. Selbstverständlich ist ein öfterer Handwechsel zweckmäßig.

*Ein wichtiges Ziel, dem man in jeder Reitstunde ein Stück näher kommen soll, ist die Ausbildung der Selbsthaltung.* Sie kann nur über den Weg der Kräftigung der Hinterhand und dem immer besseren Untertritt mit den Hinterbeinen erreicht werden. Eine weitere Voraussetzung ist die Nachgiebigkeit im Genick, die dem Pferd ein schmerzfreies Herannehmen der Nase bis zur Senkrechten möglich macht. Wie bereits erwähnt, sind die Fälle, die einem Pferd heute wegen der Form und der Dicke der Hälse, großer Ganaschen oder unglücklicher Genickverbindungen die notwendige Nachgiebigkeit schwer fallen lassen, selten.

*Die Ausformung der Tragkraft als wichtige Voraussetzung der Selbsthaltung verlangt immer ein geradegerichtetes Pferd.* Jede davon abweichende »Stellung«, zu der ein Pferd gezwungen wird, wenn ihm der Hals unnötig »verbogen« und damit die äußere Schulter geradezu zum »Ausfallen« veranlaßt wird, verhindert ein biegendes Untertreten mit den Hinterbeinen in Richtung Schwerpunkt.

*Es kann für den Ausbilder nicht oft genug auf die Bedeutung des äußeren Zügels hingewiesen werden.* Er erleichtert dem Pferd einerseits dessen Bewegung in »richtiger Stellung« und verhindert gleichzeitig ein »Schwindeln« beim richtigen Spuren des Hinterbeins. Jedes Seitwärtstreten oder Ausfallen mit der äußeren Schulter geht zu Lasten der notwendigen Biegung in den Hankengelenken und damit zu Lasten der verlangten »Versammlung«.

Die heute fast schon zur Selbstverständlichkeit gehörende Negierung anatomischer Gesetze läßt sich daran erkennen, daß sogar »erfahrene Ausbilder« dem inneren Zügel die überragende Bedeutung einräumen und selbst dann bei ihm Zuflucht suchen, wenn sein Einsatz schon bei bescheidenster Überlegung sinnlos sein muß. Ein solches Vorbild aber hat Lawinenwirkung.

Ein immer wieder eingeschaltetes »Reiten mit einer Hand« zwingt den Reiter zur korrekten Körperhaltung und erleichtert so dem Pferd das Gehen auf stark gebogenen Hufschlaglinien ohne Verlust der (Gleichgewichts-)Haltung.

*Übungen auf zwei Hufschlägen können für die Ausbildung und Gymnastizierungen allerdings nur herangezogen werden, wenn der Reiter die korrekte Hilfengebung beherrscht.* Dazu zählt der Balancesitz über dem Schwerpunkt des Pferdes, die differenzierte Beckenstellung, die Lage und der richtige Einsatz der Schenkel (und nicht der Absätze) und vor allem die richtige Handhabung des Zügels.

*Fehlt der korrekte Sitz, erfolgt die Einwirkung der »Sitzknochen« (Sitz-Schambeinäste) sehr leicht im falschen Moment,* also arrhythmisch, worunter besonders die Kadenz der Bewegung leidet. Gerade das Übertreten oder Schränken bei Übungen auf doppeltem Hufschlag verlangt eine rhythmische Einwirkung, ohne die dem Pferd ein verlängertes Ausbalancieren unmöglich und es zum schnellen Weiterschieben des Gewichts (also zum »Laufen«) gezwungen wird.

Im Zusammenhang mit der Beckenstellung wird nochmals daran erinnert, daß seine Bewegung nicht nur für den Einsatz seiner Äste (Sitzknochen) und der damit verbundenen vermehrt möglichen Belastung der jeweils gewünschten Seite, sondern vor allem durch das von ihm gesteuerte »Kreuzbein« von ausschlaggebender Bedeutung ist.

*Dem Schenkel sollte in erster Linie die Unterstützung des Sitzes zukommen.* Dieser Aufgabe aber kann er nur nachkommen, wenn seine Verlegung nicht mit dem Lösen eines der beiden Sitzknochen verbunden ist. Verläßt der Schenkel immer wieder seinen ihm zugeteilten Platz knapp hinter dem Sattelgurt, schränkt dies nicht nur seine Fähigkeit als »Impulsgeber« ein, sondern gefährdet auch die Konstanz des Sitzes. Kommt zum arrhythmischen Einsatz der Schenkel dann noch eine den Bewegungsablauf störende statt helfende Hand, ist das »Chaos« vollkommen. *Wem das Gefühl für den richtigen Moment des Einsatzes der richtigen Zügelhilfe fehlt, dem kann nur geraten werden, seine Hand nur gut »aushaltend« zu verwenden, im übrigen es aber dem Pferd zu überlassen, sich die Impulse selbst zu holen.* Jeder Zügelanzug, der (z. B. durch eine Verbiegung)

den gradlinigen Weg vom Genick zur Hinterhand verläßt, ist unwirksam, ja häufig sogar störend.
Natürlich hat der Schenkel, und gemeint ist hier immer der Teil der Wade knapp unterhalb des Knies, in der Ausbildungsphase des Pferdes auch die sehr wichtige Aufgabe der Mitwirkung bei der Biegearbeit. Damit ein Pferd auf jeder gewünschten Hufschlaglinie in der richtigen »Stellung« gehen kann, muß es vom Genick bis zur Schweifwurzel gleichmäßig gebogen werden können. Dabei kommt eine größere Bedeutung als dem Nachgeben im Halsteil dem Nachgeben im Rippenteil zu. Auch wenn es sich hier fast nur um ein »symbolisches Zusammenschieben« handelt, ist dies durch ein Liegen-lassen-können des Schenkels (auch als »Schenkelannehmen« bekannt) in der Rippengegend erfühlbar. Und gerade dieses Nachgeben fällt vielen Pferden besonders schwer und veranlaßt sie immer wieder zum Aufgeben der richtigen Stellung. Dieses Nachgeben muß daher immer wieder durch ständige Gymnastizierung, wenn nötig durch Einsatz eines kräftig wirkenden Schenkels bei gutem Gegenhalt mit dem äußeren Zügel, erwirkt werden.

*Wird dies durch lange Ausbildungsphasen versäumt oder die Widerstände immer wieder nur im Hals gesucht und zu beheben versucht, wird man wahrscheinlich stets gegen den Stellungsverlust anzukämpfen haben und nie das Optimum an Durchlässigkeit erreichen können.*

Eine der wertvollsten Unterstützungshilfen für die Ausbildung einer konstanten Selbsthaltung stellt auch heute nach wie vor das »Schulterherein« dar. Schon allein die Tatsache, daß man den Über(stall-)mut eines Pferdes durch das Einnehmen einer »Schulterherein-Stellung« einzubremsen vermag, sollte zusammen mit ihren anderen Vorzügen Grund genug sein, dieser Übung wieder den ihr gebührenden Platz im Ausbildungsrepertoire der Gegenwart einzuräumen.

Mit mäßiger Abstellung (Schultervor-Stellung) im Schritt begonnen, begreift fast jedes Pferd sehr schnell das Wollen des Reiters und vermag es auch bald auch im Trab auszuführen. *Das Schulterherein erfüllt nur dann seine Aufgabe, wenn es zum festen Bestandteil der Ausbildung wird, nicht jedoch, wenn es unmittelbar vor einem Turnierbewerb, zu dessen Bestandteil es gehört, in das Reitstundenprogramm eingeschoben wird.*

Die Ausführung auf der Zirkellinie erhöht den Ausbildungseffekt noch wesentlich, weil sie im besonderen die Tragkraft des gebogenen, untertretenden inneren Hinterfußes fördert und bei ausreichender Beherrschung der äußeren Schulter (durch Schenkel und äußeren Zügel) der inneren Pferdeschulter die erwünschte Beweglichkeit schafft.

Auch dem »halben Travers« kommt als Ausbildungshilfe eine kaum weniger bedeutsame Aufgabe zu. Wie beim *Schulterherein* sollte auch der halbe *Travers* dem Pferd zunächst im Schritt verständlich gemacht werden. Da die Sitzhilfe des Reiters auf das »fördernde Beinpaar« (äußerer Hinter- und innerer Vorderfuß, im Schritt knapp hintereinander, im Trab gleichzeitig abgehoben) treffen soll, soll der Reiter diese Bewegung erfühlen können. Seine leicht zurückgenommene äußere Hüfte (einschließlich Schulter) soll dem äußeren Gesäßknochen eine zusätzliche Wirkung auf den »fördernden«, äußeren Hinterfuß verschaffen. Sie kann zweckmäßigerweise anfangs noch durch die (außen getragene) Gerte unterstützt werden, weil jedes Zurückbleiben der Hinterhand mit dem Verlust der Biegung um den inneren Schenkel (und automatisch mit dem Verlust der für die Ausführung notwendigen Stellung) verbunden ist. Schon nach wenigen »Halben-Travers-Schritten oder Tritten« soll das Pferd anfangs wieder geradeaus genommen werden. Diese verlangte Vorwärtsbewegung auf einfachem Hufschlag wird vom Pferd als Belohnung empfunden und läßt so erst gar keine Widerstände aufkommen. Außerdem zwingt sie den Reiter, seine Einwirkungen stets so zu gestalten, daß sie das Pferd einmal zum Seitwärts und einmal zum Vorwärtstreten veranlassen. Mehr noch als im Schritt oder Trab haben diese »Kurztraversalen im Zirkel« gymnastizierende Wirkung, wenn sie im Galopp ausgeführt werden. Selbst Pferde, für die eine solche Anforderung zunächst völlig neu ist, kommen einer solchen sehr schnell ohne Widerstand nach, wenn sich der Reiter solange immer nur mit wenigen Sprüngen in Traversstellung zufrieden gibt, solange die dafür verlangte Tragkraft die Ausführung noch sehr anstrengend macht. Auch wird der Galopp geradeaus als Belohnung empfunden und dient gleichzeitig für Pferd und Reiter zum »Einrichten« (durch eine etwas intensivere Einwirkung kann sehr leicht der »Sitz« des Reiters gefährdet worden sein. Das Geradeausreiten gibt Gelegenheit zur notwendigen Korrektur. Auch das Pferd kann durch die noch ungewohnte Vorwärts-Seitwärts-Bewegung Takt und Selbsthaltung verloren haben, der Geradeausgalopp gibt ihm Gelegenheit, sie wiederzufinden).

Die Ausführung dieser Kurztraversalen im Galopp verlangt anfangs eine öftere Wiederholung ohne Galoppwechsel, also auf der »gleichen Hand«. Die Form des »Umkehrens« wird sich nach dem Ausbildungsstand des Pferdes richten. Je ausgeformter die Tragkraft, desto kleiner kann der Bogen der Umkehrung werden.

Diese Übung ist neben ihrer gymnastizierenden, die Tragkraft fördernden Wirkung besonders dazu geeignet, wichtige Voraussetzungen für die »Galopp-Pirouette« zu schaffen. Vor allem kann der oft festzustellende »psychische Widerwillen«, der die Ausführung der Pirouette begleitet und ihre Ausführung für immer zum Problem für Reiter und Pferd macht, von vornherein ausgeschaltet werden.

Auch die Ausführung des »Fliegenden Galoppwechsels« fällt dem Pferd im Zuge dieser besprochenen Übung häufig um vieles leichter, als dies durch andere Praktiken der Fall ist. Der Grund dafür kann darin gesehen werden, daß der Versammlungsgrad leichter erhalten bleibt und der Reiter mit weniger intensiven Aufforderungen zum Wechseln auskommt. Derartige Einwirkungen werden vom Pferd viel schneller verstanden als Kraftakte, vor allem wenn sie mit dem Bewegungsrhythmus des Pferdes nicht konform gehen.

*Weil so gut wie jede Anforderung, die der Reiter im Zuge der Ausbildung an sein Pferd stellt, nur ausgeführt werden kann, wenn das Pferd dafür »psychisch und physisch« vorbereitet, also »versammelt« ist, kann es nicht sinnvoll sein, das Pferd fortwährend aus dieser »Versammlung« zu entlassen.* Die kurzen, nach Absolvierung einer anstrengenden Aufgabe eingelegten »Erholungspausen«, die sowohl der Erholung als auch der Belohnung dienen, sollen das Pferd nicht zum völligen Abschalten von seinen »Pflichten« veranlassen, sondern vielmehr das Vollbrachte nachwirken lassen.

Das alte, ungeschriebene Gesetz, daß man ein Pferd mit einem »guten Eindruck« in den Stall entlassen soll, liegt auf der gleichen Linie. Man bezieht damit die »Intelligenz und das ausgeprägte Merkvermögen« dieses Lebewesens in die Zusammenarbeit von Reiter und Pferd mit ein.

Ein Pferd vermag sehr gut zwischen »Pausen« und der »Entlassung aus seiner Pflicht« zu unterscheiden, wenn der Reiter nicht durch eine oberflächliche Handhabung seiner eigenen Pflichten die Unterschiede zwischen den beiden immer wieder verwischt.

*Wird eine »Arbeit an der Hand« in die Ausbildung oder korrigierende Arbeit eingebaut, ist es zweckmäßig, diese Phase der Reitstunde an deren Beginn zu setzen.* Damit sind zwei Vorteile verbunden: Das Pferd verfügt noch über sämtliche Kräfte, und es kann sogleich auf seine »Pflichten« ausgerichtet werden. Es kann nicht oft genug auf die wertvolle erzieherische Komponente hingewiesen werden. Ist der damit verbundene Zweck erfüllt bzw. will man bewußt das Ausbildungsvorhaben aus dem Sattel fortsetzen, kann man selbstverständlich immer wieder die Fortsetzung für längere Zeit aussetzen. Es wird aber jedem Pferd guttun, dann und wann immer wieder eine »Arbeit an der Hand« einzuschalten. Für die Anwendung zu »Korrekturzwecken«, die in diesem Fall dem »Nachholen von Versäumtem« gleichkommt, gelten die gleichen Gesetze, die beim ersten Bekanntmachen eines Pferdes mit diesen Praktiken gelten.

Oft wird die Übernahme eines Pferdes zur Korrektur oder zum verspäteten Beginn der Ausbildung bzw. deren Fortsetzung zum Hauptaufgabengebiet des Reitlehrers. Weil aber gerade eine derartige Aufgabe bereits viel Erfahrung und Eigenkönnen erfordert und zusätzlich in hohem Maße Ansehen und Anerkennung oder das Gegenteil damit verbunden sind, muß von der leichtfertigen Übernahme einer solchen Aufgabe gewarnt werden.

Alle, die sich in der Vergangenheit auf dem Feld der Reitkunst einen Namen gemacht haben, hat neben deren praktischem Können ein hoher Wissensgrad ausgezeichnet. Darunter ist nicht etwa nur das mitgebrachte Schulwissen verstanden, sondern in viel höherem Maße das gerade für diesen Beruf aus den verschiedensten Wissensgebieten zusammengetragene, durch konsequente Arbeit an sich selbst in die richtigen Perönlichkeitswerte verpackte Fachwissen. *Auch der heutige, aus allen Bevölkerungsschichten zur Reiterei strebende Reitschüler möchte zu einem menschlich und fachlich integren Lehrer aufblicken können.*

Das »Reitsportgeschehen« gibt heute der Reitkunst die Möglichkeit, das durch die Ausbildung Erreichte vor einem größeren Kreis von Freunden dieser Kunst zu demonstrieren. Je ausdrucksvoller dies geschieht, desto höher ist die Kunst zu werten. Die Schönheit ihrer Verpackung wiederum wird von der so bedeutungsvollen Reitkultur bestimmt.

*Nur wenn sich der Reitlehrer als Hüter und Erbwalter dieser Reitkunst fühlt, wird er seiner Aufgabe gerecht.*

## Nachsatz des Verfassers ...

Sollte das Studium dieser HILFEN in keinem der damit Angesprochenen die Lust geweckt haben, mehr als vielleicht bisher jenen Komponenten nachzuspüren, die zum besseren Verständnis für die nur allzuoft falsch eingeschätzten Reaktionen des Pferdes auf den Wunsch seines Reiters und damit zu einem beglückenderen Zusammenfinden beitragen könnten, haben sie ihre Aufgabe verfehlt!

Trotzdem vermag niemand an der Erkenntnis zu rütteln, die in einer langjährigen intensiven Beschäftigung mit der Psyche dieses wunderbaren Tieres gewonnen und hundertfach untermauert wurde und die besagt, daß der Mensch viel zu oft und viel zu schnell sein eigenes Versagen seinem »Partner« anlastet und nur selten bereit ist, von seinem sich selbst verliehenen Thron herabzusteigen.

Erst wenn wir zur einst gültigen Devise zurückkehren, daß der Reiter auch in jeder Ausbildungsstunde beglückende Momente zu entdecken vermag und der Turnierwettkampf nur dazu dient, die erreichten Leistungen als echte Glanzlicher aufblitzen und öffentlich bedanken zu lassen, wird die Reitkunst wieder den ihr gebührenden Platz in der Gunst der Menschen einnehmen.

# Anhang

## ALLROUND-AUSBILDUNG

### I. Grundausbildung
(Kl. A)

Ausbildungsziel:
a) Geradegerichtetes,
b) im Genick und Hals ausreichend gebogenes,
c) das natürliche Gleichgewicht wiedererlangt habendes,
d) im Rücken bereits tätiges Pferd,
e) mit der Aktivierung der Hinterhand begonnen,
f) noch mäßige Schwungentwicklung.

Kriterien für die Beurteilung im Turnier
1. Losgelassenheit (für alle Stufen gültig!)
2. Dem Biegungsgrad entsprechende Durchlässigkeit
3. Ein der Einwirkungsmöglichkeit entsprechender Gehorsam
4. Längsbiegung: Genick, Halswirbelsäule, Rücken
5. Seitenbiegung: Durchreiten der Ecken, Wendungen im Gleichgewicht
6. Erste Stellung: Einrichten der Hinterbeine auf die Vorderbeine, Beherrschung der äußeren Pferdeschulter mit äußerem Zügel
7. Trab: Arbeits- und Mitteltrab in mäßiger Kadenz, selbstgetragener Kopf, beginnende richtige Halsformung, ausreichend tätiger Rücken, Annehmen von Kreuz- und Schenkelhilfen
8. Galopp: Angaloppieren auf beiden Händen auf Reiterhilfe, im Arbeitsgalopp ausreichende Beherrschung der Hinterhand, korrekte Anlehnung, mäßige Verstärkung zum Mittelgalopp, Übergänge zum Trab ohne deutliches Auf-die-Hand-Legen
9. Schritt: flüssiger, taktreiner Normal (= Mittel-)schritt, für den außer Sitzeinwirkung keine anderen Hilfen notwendig sind
10. Rückwärtstreten noch ohne deutlich ausgeprägte Selbsthaltung

### II. Fortgeschrittene Grundausbildung
(»Niedere Camapagneschule«)
Kl. A–L/M)

Ausbildungsziel:
a)–f) Verbesserung Kandarenzäumung

Kriterien für die Beurteilung im Turnier
2.–6. Deutliche Anhebung des Ausbildungsgrades
7.–8. Aus der Hinterhand eingeleitete

Paraden, herausgearbeitete Tempounterschiede, bereits erkennbare Kadenz
11. Einfacher Galoppwechsel mit Zwischen-Schritten, Kontergalopp
12. Hinterhandwendung aus dem Halt und aus der Bewegung
13. Versammelte Gänge im Trab und Galopp

---

Zu 1. Keine unnatürliche Verspannung, rhythmischer Bewegungsablauf, ruhiger Sitz, korrekte Hand- und Schenkeleinwirkung, locker getragener Schweif, Ohrenspiel, Auge
Zu 2. Fähigkeit, je nach Ausbildungsgrad Hilfen (Impulse) durchzulassen
Zu 3. Unterschied: Mit oder ohne Verlust der Losgelassenheit
Zu 12. Aus dem Halt: Vorbereitung durch vermehrte Versammlung, unveränderte Haltung, Takt, deutliches Treten des inneren Hinterfußes, Vorwärtstendenz

## SPEZIALAUSBILDUNG

### III. Höhere Campagneschule = Vorbereitung für Spezialdressur
(Kl. M)

Ausbildungsziel:
a)–f) Vervollkommnung
  g) Seitengänge
  h) Fliegender Galoppwechsel
  i) Handarbeit zur Unterstützung der Hankenbiegung
  j) Pflicht-Kandarenzäumung

Kriterien für die Beurteilung im Turnier
1. Deutlich vervollkommnete Durchlässigkeit
2. Hankenbiegung muß Heranschließen der Hinterhand ermöglichen
3. Beizäumung und Aufrichtung entsprechend dem Ausbildungsgrad
4. Seitengänge in korrekter Biegung und Selbsthaltung
5. »Zweite« Stellung: Innerer Hinterfuß spurt auf innerem Vorderfuß, äußerer Hinterfuß zwischen Vorderfüßen
6. Trab: Versammelter, Mittel- und starker Trab mit deutlichen Übergängen, bereits ausgeprägte Kadenz im Trab und Galopp auf einfachem und doppeltem Hufschlag
7. Galopp: Versammelter, Mittel- und starker Galopp mit deutlichen Übergängen in gleichbleibender Haltung
8. Fliegender Galoppwechsel: Ohne Ausweichen, Schwanken, Heben der Kruppe, gut vorgesprungen.

---

Zu g) *Schulterherein:* gleichmäßige Biegung von Genick bis Schweifwurzel, gleichbleibende Abstellung (3–4 Hufspuren, Hinterhand auf Hufschlag) Kadenz, Selbsthaltung
*Traversalen:* Korrekte Stellung, Schulter muß Nachhand vorausgehen (max. ½ Schritt), gleichmäßige Biegung (keine Verbiegung im Hals) Takt, Kadenz, Selbsthaltung

### IV. Hohe Schule = ausgebildetes Dressurpferd
(St. Georg – Grand Prix Spezial)

Ausbildungsziel:
a)–f) Ausfeilen bis zur »Schulgänge-Qualität«

Optimale Inanspruchnahme der Intelligenz und Mitarbeitsbereitschaft

g) Ausgeprägte Kadenz, Versammlung, Aufrichtung und Hankenbiegung den Anforderungen der »Schulgänge« entsprechend
h) Galopp-Changements bis Wechsel von Sprung zu Sprung
i) Piaffe
j) Passage
k) halbe und ganze Galopp-Pirouetten

Kriterien für die Beurteilung im Turnier:
1. In allen Übergängen ausgeprägte Durchlässigkeit ohne Verlust der Selbsthaltung (Unsichtbare reiterliche Einwirkung)
2. Beibehaltung von Kadenz und Takt sowohl in den versammelten als auch verstärkten Gängen (Rahmenerweiterung und Schub müssen aus Hinterhand entwickelt werden)
3. Seitengänge mit sehr kadenzierten Übertritten, bei gleichbleibender Biegung und Abstellung ohne Taktverlust.

*Notizen*

# Mehr wissen – besser reiten

Jeremy Houghton Brown /
Sarah Pilliner / Vincent Powell-Smith
**Pferde-Management**
Das umfassende, praxisnahe Handbuch über modernes Pferde-Management – ein unentbehrliches Nachschlagewerk für jeden, der mit Pferden arbeitet: alles über Pferdezucht und -haltung sowie Pferdetraining.
303 Seiten, 2 Fotos, 77 Zeichnungen

Elwyn Hartley Edwards
**Pferdeausbildung**
Grundkenntnisse über Anatomie und Psychologie des Pferdes, Kauf und Ausrüstung, Ausbildungsprogramme vom Longieren bis zum Dressur- und Springreiten.
4. Auflage, 238 Seiten, 60 Fotos, 3 Bildserien, 60 Zeichnungen

Hans Joachim Schwark
**Pferdezucht**
Fachbuch für Pferdezüchter und Pferdesportler: alle Teilbereiche der Pferdezucht nach neuestem Erkenntnisstand, mit allen Daten und Fakten, interessantem Bildmaterial und vielen Praxistips.
3. Auflage, 448 Seiten, 197 Farbfotos, 80 s/w-Fotos, 69 Zeichnungen

Gerhard Kapitzke
**Das Pferd von A–Z**
Aktuelles Grundwissen von A–Z zu Pferdezucht und -haltung sowie zum Reit- und Fahrsport in über 1000 Stichwörtern mit vielen informativen, farbigen Fotos.
2. Auflage, 349 Seiten, 41 Farbfotos, 200 s/w-Fotos, 57 Zeichnungen, 63 Grafiken mit 317 Einzelabbildungen

**Handbuch Pferd**
Standardwerk der Pferdekunde: präzise, umfassende Information und fachliches Know-How von 37 kompetenten Fachautoren zu den Bereichen Zucht, Haltung, Ausbildung, Sport, Medizin, Recht.
Neuausgabe, 820 Seiten, 260 Farbfotos, 399 s/w-Fotos, 197 Zeichnungen

Heinz Pollay
**Das Reiterabzeichen leicht gemacht**
Alles für die theoretische und praktische Prüfung, Bedingungen für die Ausstellung des Reiter-Passes (FN).
6. Auflage, 182 Seiten, 63 Fotos, 10 Bildserien, 168 Zeichnungen

Ulrik Schramm
**Die Untugenden des Pferdes**
Voraussetzungen, Ursachen und Erscheinungsformen von Untugenden im Stall und unter dem Sattel, Korrekturmöglichkeiten, Ratschläge für die Pferdepraxis.
128 Seiten, 72 Zeichnungen

Heinz Kiemann
**Neue Reitschule**
Klassische Grundausbildung bis zur Turnierreife – vom Basiswissen über das Pferd bis zu Dressur- und Geländereiten, Springen und Turnierteilnahme.
288 Seiten, 39 Fotos, 25 s/w-Fotos, 204 Zeichnungen

Holger Heck / Volker Greiner
**Schritt, Trab, Galopp**
Ein Schulungsbuch für den Reiter: die Grundbegriffe des Reitens und der Pferdepflege anschaulich erklärt.
160 Seiten, 118 Abbildungen

# BLV Verlagsgesellschaft München